体罰と戦争

人類のふたつの不名誉な伝統

森田ゆり

目次

体罰と戦争

人類のふたつの不名誉な伝統

2　怒りの仮面　41

5　体罰の6つの問題性と戦争の6つの問題性――153

6 戦争とトラウマ

7　マイケル・ジャクソンの思想
──子どもの癒やしは世界の癒やし──　201

装画　近藤　理恵

装丁　コダシマ　アコ

1

体罰と戦争の
8つの共通点

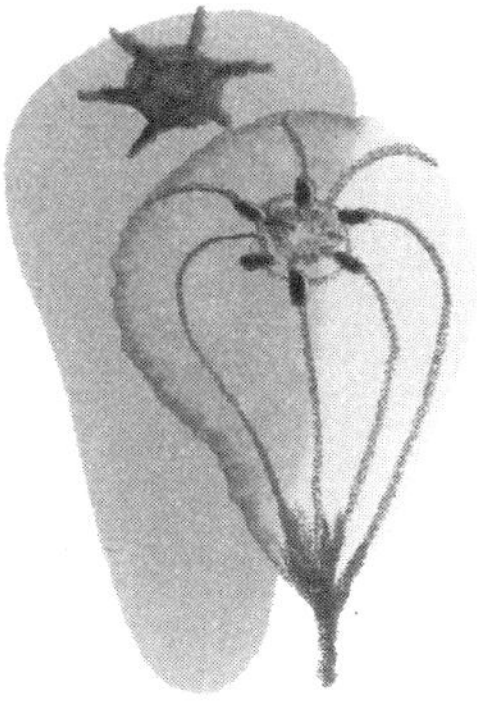

人間はほかの動物と比べると、同類間の破壊的な行動が際立って見られる種です。同類間で傷つけ合い、殺し合う動物はほかにもいますが、人間ほどマス（大量）レベルで同類攻撃をする動物はほかにいません。そのような同類間攻撃行動のうち、何千年にもわたって止むことなく続いてきた人類のふたつの不名誉な伝統が、体罰と戦争です。

このふたつには共通点がいくつもあります。

共通点の1　どちらもそれがよくないことだとわかっていても、やめられません

多くの人が仕方のないことだと黙認します。手に負えない悪い子どもだから、やむなく折檻《せっかん》する。口で言っても言うことをきかないから体罰をする。ならず者国家だからやむなく空爆する、国益を守るためには軍事圧力を、と言います。

共通点の2　どちらも大義名分があります

体罰はしつけの方法だと誤解している親や教師は、「子どもを愛しているからこそ、殴る」と言い、「体罰は教育のひとつ」と言います。

全国2万人のおとなを対象に、体罰等に関する意識・実態の画期的な大規模調査を実施した

セーブ・ザ・チルドレン・ジャパンの報告（２０１８年2月）によると、しつけのために体罰は必要と考える人が約6割、「叩《たた》いたことがある」が約7割という回答結果で、日本では体罰がしつけのひとつとして広く容認されていることを示しています。[1]

国の軍産複合戦争体制をつくることで、ばく大な利権を得る人々は「自由を守る偉大な使命のために攻撃する」とたてまえを言います。「戦争は平和の手段」、軍事は「平和への積極的貢献」などと、誇大広告のキャッチコピーのような大義名分を使います。

共通点の3　どちらも死傷しトラウマに苦しむのは、社会的に弱い人々です

体罰によって傷つくのは、言うまでもなく子どもです。相手がおとなだったら明らかに有形力の行使として暴行罪に問われるような暴力も、相手が学校や家庭の中での子どもだと、教育指導の一環として見過ごされてしまうことが少なくありません。

文部科学省の調査では、２０１６（平成28）年に教師の体罰によって被害を受けた児童数は小・中・高・特別支援学校合わせて１４０１人。[2]中には鼓膜損傷、背骨にひびが入ったなどのケースもありました。２０１２年の大阪市立桜宮高等学校での体罰によって自死に追いやられ

た生徒の事件が大きく報道されて以来、愛知県立高校、仙台市立中学などで教師による体罰をきっかけに自死した生徒の事件が問題になりました。

体罰が子どもに与える心の傷、心理的ダメージの影響は、その深刻さのわりにはあまり認識されていません。子どもの頃に長期にわたる強い体罰を受けた人は、脳の前頭葉の一部が委縮していることがＭＲＩを使った脳研究で観察されています。[3]

一方、戦争の被害者は、武器と戦争形態が時代とともに変化するにつれて、戦闘員よりも子ども、女性、老人など民間人の割合が増えています。20世紀の戦争で殺された1億6000万人のいのち、その8割が、銃を持つ戦闘員ではなく民間人だったと推計されています。21世紀の戦争ではどうなのでしょう。

米国ブラウン大学のワトソン・インスティテュートは2011年に学者、法律家、人権実践家、医師ら35人のチームでCosts of War（戦争の代価）プロジェクトを立ち上げ、9・11以降のアメリカの主導するイラク、アフガニスタンでの戦争とパキスタンとシリアにおける戦争関連暴力の実態調査を続けています。「9・11攻撃に対して軍事力で対応するという合衆国政府の決定には表面化していない多大なコストがある。私たちはこれらの戦争の人的、経済的、政治的コストを可能な限り調査し、民主的な論議のために提供し、よりよい公共政策の展開に資することを目的とする。」とプロジェクトの目的を明確にしています。

Costs of Warプロジェクトの報告によると、米国の軍事予算コストだけでも２００１〜18年で５・６兆ドルという途方もない額となっています。人的なコストは、２００１〜16年にアフガニスタン、イラク、パキスタンで約37万人が直接の戦闘で死亡し、その内民間人は約21万人。さらに約80万人の民間人が非戦闘場面で死亡したと推定しています。[4]

国連アフガニスタン支援団が明らかにしたところによると、２０１７〜18年に戦争で死亡したアフガニスタンの民間人は３万５７２７人でした。[5]

共通点の４　どちらも深刻な人権侵害行為です

■体罰は子どもの人権のバロメーター

体罰が子どもの心身の発達に与える深刻なダメージに関するいくつもの研究が報告されています。厚生労働省の調査データ約２万９０００人分を使い、３歳半のときにお尻をたたくなどの体罰の有無が、５歳半に成長したときの行動にどう影響しているか分析した結果、体罰を受けていた子どもは、まったく受けていなかった子どもに比べ、「落ち着いて話を聞けない」が約１・６倍、「約束を守れない」が約１・５倍、「ひとつのことに集中できない」「我慢ができない」「感情をうまく表せない」「集団で行動できない」など、問題行動のリスクが高くなり、体罰が頻繁に行われるほど、リスクは高くなっていました。[6]

50年以上の期間に16万人の子どもへの体罰の影響を調査した米国のメタ分析研究の結果によると、体罰をすればするほど子どもは反社会的行動、攻撃性、メンタルヘルス問題、認知の困難さを経験するようになることが明らかにされています。[7]

こんなにも大きなダメージを与える体罰は、児童福祉法（2016年改正）第1条「全て児童は、児童の権利に関する条約の精神にのっとり、適切に養育されること、その生活を保障されること、愛され、保護されること、その心身の健やかな成長及び発達並びにその自立が図られることその他の福祉を等しく保障される権利を有する。」への侵害です。

体罰は、社会における子どもの地位がいかに低いかを如実に表すバロメーターです。すなわち、子どもの人権は尊重されていないのです。体罰事件が報道される度にその思いを強くします。おとなに対しては当然許されざる行為が、相手が子どもだと許されてしまう。同じ行為がおとなに対してなされた場合は暴行罪、傷害罪とれっきとした犯罪と見なされても、相手が子どもだとそれは「しつけ」や「教育的配慮」や「愛情表現」や「行き過ぎた指導」となってしまうのです。

おとな社会、たとえば職場で、当日までに終えなければならなかった仕事のノルマを果たさなかったという理由で上司が部下を殴っていいという論理は通用しません。顧客への対応が悪かったということで上司が部下を昼食抜きで事務室の一角に長時間立たせ続けることなどできません。もしあなたが遅刻をして出社したためその罰として上司から平手打ちをされたら、いったいどんな気持ちになるでしょうか。「自分が悪かったから仕方がない」と思うでしょうか。「自分がいけなかった、もう二度と遅刻はしまい」と思うでしょうか。反省より先に、人としての尊厳を傷つけられたことから生じる相手への怒りや恐怖や悔しさといった感情が湧いてこないでしょうか。

子どもも同じ感情を持ちます。ただ子どもたちは子どもであるというそれだけの理由で、そのような感情の正当性を認めてもらえません。だから自分自身でも自分の感情を認めることができないことが多いです。体罰を受けたおとなが「たとえ遅刻をしたからと言って自分は殴られるに値しない」と思うのは当然と受け入れられても、子どもの場合はそんな主張が通りません。なぜなのでしょうか。それは子どもは半人前で、尊厳を持つひとりの人間として見られていないからにほかなりません。子どもの人権は認められていないのです。

かつて奴隷制が顕在した社会では奴隷が仕事のノルマを果たさなければ殴られ、嘘《うそ》をつけば鞭打《むち》たれるという罰を甘んじて受けなければならなかったことと、子どもへの体罰とどれだけのへだたりがあるでしょうか。無知で社会のなんたるかを知らない奴隷は体で教え込まなければ学ばないという論理、怠け者の奴隷たちには体罰で当たらなければつけあがって手がつけられなくなる、といった論理が成り立ったのは、奴隷は半人前、人権を持たない存在だったからです。半人前の未熟な子ども、口で言っても言うとおりにしない子どもは力で、体で教えなければわからないという体罰正当化の論拠と重なります。

では、戦争の人権侵害はどうなのか、21世紀の戦争の人権侵害数値を見てみましょう。

先にあげたブラウン大学ワトソン・インスティテュートのCosts of Warプロジェクトの同じ数値をもう少し詳しく引用します。2001年に米国が「テロとの戦い」を宣言してから15年間のアフガニスタン、イラク、パキスタンでの戦争による人権侵害を、死者数、難民の数などで見ます。2001年から16年までの米軍兵士の戦死者数は6860人、契約兵士の戦死者数7071人。契約兵士の死者数の方が多いことは注目すべき事柄です。契約兵士には、正規の兵士に与えられる諸々の保障がありません。兵士1人にかかるコストを下げるためで、米国人以外の契約もあり、21世紀の戦争のグローバル化、軍隊の民営化を示しています。

イラクとアフガニスタン、パキスタンで直接戦闘で死亡した民間人は、控えめに見積もって21万人にのぼり、負傷者の数は把握されておらず、さらに戦争の間接的影響で死亡した民間人は80万人以上、難民の総数は７８０万人を超えています。[8]

９・11同時多発爆破事件への報復を大義に、「テロと戦い、自由をもたらすため」という名目の戦争を始めて16年。このような想像を超える膨大な人権侵害を引き起こしながら、米国は２０１８年の今も、アフガニスタンでの空爆を続け、米国史上最も長い戦争の記録を塗り替えています。カイザール大統領は親米派にもかかわらず、相次ぐ米軍による「誤爆」に抗議し、アフガニスタンを米軍の新兵器実験場にするなと米国に抗議し続けています。中東地域で米国の武器援助を受ける軍閥はさらに勢力を拡大し、民族間対立やジェンダー攻撃は10年前より悪化しています。そして、多国籍巨大兵器産業はばく大な利益を上げ続けています。

アフガニスタンで灌漑《かんがい》事業支援を長年続けて、砂漠を緑地化しているＮＧＯ団体「ペシャワール会」の現地代表、医師の中村哲氏は、２００７年10月20日放映の日本テレビ系列の番組で、米軍の「不朽の自由」作戦や国際治安支援部隊に日本が関わることについて意見を求められ、こう語っていました。

「なぜ、アフガニスタンの人々を助けるためにアフガニスタン人を殺すための軍隊を派遣する必要があるのですか、それ以外に彼らが必要としているものはいくらもあるのに。私たちの用水路建設は、危険な地域だというのに襲撃されたことは一度もない。それは工事が現地の人々のためになることが理解されているからだ。米軍の攻撃は受けた。米軍らは、テロリストの掃討と称して空爆などを行い、巻き添えで多くの無辜《むこ》のアフガン人を殺している。」

共通点の5　どちらも「時には必要」と考える限り、なくなりません

虐待に至ってしまった親の回復MY TREEペアレンツ・プログラムを日本各地の児童相談所などの主催で18年間実施してきて、1138人の親たちが体罰や虐待をストップしました。その経験からはっきり言えることがあります。

深刻な虐待をしている親たちの多くは、子どもを傷つけようと意図してしたわけではありません。「時には必要」と思っていた体罰をしているうちに、それがエスカレートし、生死に関わる虐待にまで至ったのです。「体罰は時には必要」という考え方がネックです。

MY TREEペアレンツ・プログラムを修了し、虐待的言動を完全にストップした親が5年後に書いた文章の一部です。

「子どもに手を上げるきっかけは、義父の『悪いことをしたときは、叩いて教えなければならない』という言葉でした。初めは、お尻を叩くと、子どもは遊びだと思い、ケラケラ笑いました。その瞬間、抑えていた怒りが爆発し、子どもが恐怖を感じるまで、叩きました。それから毎日のように叩きました。怒りが爆発したとき、大怪我をさせてしまうのではないか、もしくは、衝動的に自分を傷つけてしまうのではないかと、ギリギリの毎日でした。[9]」

体罰が必要なときはありません。いかなるときにも体罰はしない、させないとの意識が日本中に広がることなくして、深刻な身体的虐待件数が減ることはありません。

同じように、戦争はしないほうがよいが、「時には必要」という立場に立つ限り決してなくなりません。

２００３年に米国は、「軍事的先制行動」は「差し迫った脅威と必要性」の2条件が満たされるときにのみ許されるという国際法上想定されていた従来の概念から逸脱して、イラクへの軍事攻撃を実行しました。[10] ２００１年の９・11事件後の止めようのない不安の狂気の中で、米国議会はそれを許してしまいました。

そしてイラクは９・11事件とは関係がないにもかかわらず、大量破壊兵器を保持しているのではないかという疑いだけを理由として、国家の中枢は大統領もろともに空爆によって破壊、殺戮《さつりく》されてしまいました。結局、大量破壊兵器は存在せず、国家は混乱の中に放り込まれ、以来２０１１年の完全撤退まで、8年間も軍事介入が続いたのです。

日本の安倍首相も、２０１８年2月1日の参議院予算委員会で、日本国憲法で定められている「専守防衛」より「先に攻撃した方が圧倒的に有利」と答弁して、国際法上禁止されている「予防戦争」の是を国会答弁で公言した世界でも稀有《けう》な政府リーダーとなりました。

体罰と戦争の共通点はまだあります。

共通点の6　どちらも絶対にしないと誓い、その宣言実行システムが必要です

非戦を誓ったシステムとしての「憲法9条」は日米安保条約や日米地位協定などを優先させて形骸化されてきましたが、少なくとも日本国民が直接に戦闘員として人殺しをすることのなかった70余年を保証してきました。しかし今、日本国政府はそのシステムを解体し、「戦争放棄」を放棄する国家へと、大股に踏み出しました。

防衛省による自衛隊員へのアンケート（２０１３～15年）、で、海外・国内災害派遣全隊員の１割以上がＰＴＳＤ（心的外傷後ストレス障害）やうつを発症していることがわかっています。[11]

この内の、海外派遣隊員の割合は報告されていません。２０１７年5月に南スーダンから帰還した自衛隊員がどのような戦闘に加わったのかは情報公開されないまま、ただ帰還兵の中にトラウマに苦しむ者たちがいるという事実が「深刻なストレスを抱え、深い傷を抱えている隊員が存在している」と記載され報告されています。[12]

■ベトナム戦争帰還兵の証言

私の友人の故アレン・ネルソンさんは、ベトナム戦争帰還兵としてＰＴＳＤに何年も苦しんだ末に、彼の治療をした精神科医の影響もあり、戦争に反対する非暴力運動に参加すると同時に、出身地の黒人スラム街で、貧しい青年が軍隊に行かなくてもよい教育活動に携わりました。１９９６年から10年以上頻繁に来日し、自身の体験から戦争の残酷さと無意味さを語り、日本国憲法9条の世界的な重要性を訴え続けました。[13]

１９９９年に行ったアレンさんと私の対談で、彼は次のように語っていました。

「わたしがベトナム戦争による心理的後遺症から回復しつつあった頃、戦争に代わるオールタナティブな政治的対立の解決法を探していました。戦争は対立の解決にはならないことは、もう充分にわかっていたからです。戦争とは人びとを殺戮する、それ以外のことではないことを知っていたからです。

そこで、ガンディーやマルティン・ルーサー・キングや釈迦やそのほかの平和的な和解を求め実践した人びとの書物をたくさん読みました。そして彼らの考えや実践こそが現実の政治のレベルで実践されるべきなのだと考えるようになりました。しかしアメリカの外交政治にはそのような平和主義の入る余地はありません。

そして数年前に日本に来て、憲法九条の英訳文を手渡されました。それを読んでわたしは大きなショックを受けました。ガンディーの語っていたことがそのまま法律としてそこには書かれていたからです。まるでガンディーが書いたかのようだと思いました。ガンディーとマルティン・ルーサー・キングが一緒になって、『平和な国の基礎となる憲法を作ろう』と書いたもののようだと思いました。

わたしは本当に感動したのです。暴力を基盤にしたアメリカという国から来たわたしにとって、このような憲法を持つ日本の国に深い敬意を抱きました。今日に至るまで、日本の憲法九条はわたしを感動させ続けています。国どうしが互いの違いを非暴力によって解決する方法が現実にありうるのだとの希望と想像力を刺激してくれるのです。（中略）

どの国の人がそれを書いたのかは問題ではありません。誰が書いた物であってもそれが素晴らしい物であることに変わりはありません。

日本の人びとは戦争によって大変な苦しみを体験しました。兵隊のみならず、たくさんの民間人が空襲で死にました。この国は世界で唯一の核兵器の犠牲となった国です。戦争の悲惨さと無意味さを嘗め尽くした日本の人びとが、戦後五十余年、憲法九条を大切に守り続けてきたのです。憲法九条はこの国を世界に類を見ない国にしています。（中略）日本の政治家たちは外交政策において、この日本の誇るべき九条を生かしていかなければなりません。日本の人びとはそのことを政治家たちに要求しなければなりません。[14]」

■体罰をしないと誓う法律が必要

体罰もまた、それを絶対にしないと誓う法律が必要です。日本は学校教育法の中で、教職員による体罰が禁止されています。

学校教育法第11条「校長及び教員は、教育上必要があると認めるときは、文部科学大臣の定めるところにより、児童、生徒及び学生に懲戒を加えることができる。ただし、体罰を加えることはできない」

しかし、学校以外の場での体罰を明確に禁止する法律は日本にはありません。

家庭における体罰に関しては、従来の民法822条は「親権を行う者は、必要な範囲内で自らその子を懲戒し、または家庭裁判所の許可を得て、これを懲戒場に入れることができる」という明治民法をそのまま引き継いだ古めかしい文言を長年維持してきましたが、2012年に、「親権を行う者は、子の利益のための監護・教育に必要な範囲内で自らその子を懲戒することができる」となり、「懲戒場」が削除されるという改正がされました。さらに2017年に児童虐待の防止等に関する法律第14条の改正によって、「児童の親権を行う者は、児童のしつけに際して、監護及び教育に必要な範囲を超えて当該児童を懲戒してはならないことを法律上明記する」と一歩進んだものとなりました。しかし、体罰の禁止を明確に条文化することはいまだかなわず、民法が定める親の懲戒権（子どもを懲らしめ、戒める権利）は、「子どものしつけ、教育のためなら」、体罰もありうるという解釈余地を残しています。

■体罰をなくせば暴力をなくせる

1979年世界で最初にあらゆる場面での体罰禁止の法律を制定したスウェーデンの法律文言は明快です。

「子どもたちは、看護、安全、そして良い養育に対する権利を有している。子どもたちは一人格として、また一個人として尊重に基づき扱われ、体罰や他のどのような屈辱的な扱いも受けてはならない。」

Parenthood and Guardianship Code：育児と保護責任法、１９８３年改正

２０１０年に私は、スウェーデン大使館で開催された「体罰禁止の国際フォーラム」で基調講演を依頼されて出席しました。スウェーデンから来日した国会議員、ＥＵ議員、体罰の国際的研究者など数人の錚々《そうそう》たる方たちは、体罰全面禁止の法律制定及びその後の30年間の取り組みによってスウェーデン社会で暴力そのものが減少していったことを統計数値を示しながら報告されたのです。

それは私にとって、忘れ難い出会いとなりました。体罰をなくすことは可能だ、そして体罰をなくすことで、虐待、ＤＶなどの暴力をなくしていくことが可能だという具体的な希望をもらったからです。その内容は、『子どもに対する暴力のない社会をめざして――体罰を廃止したスウェーデン30年の歩み』として小冊子で刊行されています。[15] スウェーデンに続いて体罰の法的全面禁止に踏み切った国は、ヨーロッパ諸国をはじめ現在54か国です。日本の体罰全面禁止の法制化も、あともう一歩です。

体罰と戦争には、さらなる共通点があります。

共通点の7　どちらも「不安」というあつかいの難しい感情をもたらします

子どもが体罰を受けることで抱く感情は、反省や謝罪の思いではなく、恐怖または強い不安です。体罰を受けた子どもが「ごめんなさい」「もうしません」「自分が悪かったです」といった謝罪をまず口にするのは、反省したからであるよりは、恐怖をもたらす体罰を何しろやめてもらう最も効果のありそうな言葉であることをよく知っているからです。

恐怖や不安の感情は、第2章で詳しく説明しますが、人に聴いてもらって表現しないといつまでも心の奥底にとどまって、行動や思考にゆがみをもたらし、それはしばしば自分か他者への暴力になります。

不安はとても危険な感情です。不安に圧倒されるとき、人間は通常の思考力や価値観を機能させて行動することが困難になります。自分でもするつもりのなかった愚かな行動に走るとき、人は強烈な不安に駆られていることが多いのです。

■不安と恐怖が暴力に果たす役割

『重大少年事件の実証的研究』（家庭裁判所調査官研修所監修、司法協会発行、２００１年）は、青少年の犯した犯罪の中には不安や恐怖の果たした役割が大きいことを明らかにした優れた事例研究報告でした。

「幼児期から繰り返し体罰を受けていたＮやＯは犯行時、被害者に見つかったときに、このことが分かると『親から怒られる』という激しい恐怖感に襲われ、被害者を殺すしかないと思ったというところが共通しています。（中略）

これらの少年に共通して見られるのは親に怒られる恐怖感です。これは、一見きわめて幼稚で短絡的な心情のように見えますが、逃げる被害者を追いかけたり、謝る被害者に対して執拗に暴力を繰り返したりといった犯行の態様の背景には、常識では理解できないほどの恐怖感があったと考えられます。彼らにはいずれも体罰や虐待の体験があり、恐怖心や憎悪の感情が心の中に抑え込まれていたことを考えると、彼らが犯行時に感じた恐怖感や強い怒りの感情は、被害者に対する感情を超えた、きわめて強いものであったことがうかがえます。[16]」

幼少時の親からの体罰や虐待による恐怖は、抑圧された深い感情として長くとどまります。身体も態度もおとなと変わらない青年期になっても、追い詰められた状況では「お父さんに怒られたらどうしよう」と小さな子どもの頃抱いた不安に乗っ取られてしまい、パニック状態を引き起こしうるほどの強力なものなのです。

この研究報告を読んだときすぐに思い起こしたのは、「平成の八墓村」と言われた大分一家殺人事件のことでした。事件はこの研究がなされた直後に起きているので、この研究事例には含まれていません。それは、2000年、大分の静かな田園地帯に住む15歳の少年が、同じ集落に住む家族ぐるみのつきあいのある一家6人をナイフで殺傷した事件でした。深夜家に忍び込み、ひとり残らずサバイバルナイフでメッタ刺しにし、3名が即死、2名が重体、1名が軽症となる。少年は、以前からこの一家の風呂場ののぞきや下着泥棒をしており、一家はそのことを少年の父親に注意したが、少年はのぞきの証拠となる脚立を川に捨ててシラを切り通す。2度目の注意を受けたとき、少年は一家に対する恨みではなく、それが父親にばれて怒られることを恐れて、証拠隠滅のために一家殺害を計画し、犯行に及んだものでした。ここでも体罰を受けて育った少年が「お父さんに怒られたらどうしよう」という、子どもの頃の親への恐怖に支配されて大事件を起こしていました。

■不安は伝染する

不安のもうひとつの危険な要素は、それがいともたやすく伝染することです。不安が伝染し集団的なものになったとき、人はいっそう理性を失い、思考停止となり、予想もしなかったヘイトクライムを引き起こしたり、強力にして攻撃的な政治権力の登場を熱望します。

１９２３年の関東大震災の混乱のさなかで多発した在日朝鮮人への襲撃事件はそのひとつです。内務省が各地の警察署に治安維持に最善を尽くすよう通達を出し、その内容の中に「混乱に乗じた朝鮮人による凶悪犯罪、暴動などを画策しているので注意せよ」という指示がありました。この内容は被災地で不安におののく人々のあいだで一気に広まり、警察、民間の自警団などによって多数の在日朝鮮人やまちがわれた中国人、地方出身者やろう者の日本人が殺傷される被害が発生しました。被害死者数については諸説あり、吉野作造は２６１３余名、大韓民国臨時政府は６４１５人、朝鮮総督府官憲調査では８１３人が殺されたと記録されています[17]。

世界の歴史がくり返し示してきたことは、戦争をしたい政府が戦争準備のためにする常套《じょうとう》手段の第一が、不安を煽《あお》り、人々を思考停止状態にすることです。

ヘルマン・ゲーリングは、ヒトラー政権下のドイツで空軍総司令官や国家元帥等を務めた人物で、ニュルンベルク裁判で絞首刑の判決を受け、刑の執行前に自殺しました。

刑務所に収監されているあいだ、ゲーリングがグスタフ・ギルバード（ニュルンベルク裁判の際のアメリカ人心理分析官）に語った次の言葉はよく知られています。

「もちろん、一般市民は戦争を望んでいない。ロシア人だろうと、イギリス人だろうと、アメリカ人だろうと、そのことについてはドイツ人も同じだ。しかし、結局、政策を決定するのは国の指導者達であり、国民をそれに巻き込むのは、民主主義だろうと、ファシスト独裁制だろうと、議会制だろうと共産主義独裁制だろうと、実に簡単なことだ。」

「いや、ひとつ違いがある。」と私（訳者注：グスタフ・ギルバート）は指摘した。「民主主義では、人々は選挙で選んだ代表者を通して意見を言える。アメリカ合衆国では、議会のみが戦争を布告できる。」

（訳者注：ゲーリング）「そりゃ結構なことだ。しかし意見を言えようが言えまいが、国民は常に指導者たちの意のままになるものだ。簡単さ。自国が外国から攻撃されていると言うだけでいい。平和主義者については、彼らは愛国心がなく国家を危険にさらす者達だと非難すればいいだけのことだ。この方法はどの国でも同じように通用する。」[18]

アメリカの正義を信じて疑いのないギルバートに皮肉っぽく答えたゲーリングのこの言葉

は、半世紀後、９・11同時多発爆破事件の衝撃的なＴＶ映像に圧倒され、不安にのっとられた米国民が議会もろとも、イラク戦争に突入するブッシュ政権の狂気に巻き込まれていった歴史を暗示していたかのようです。

■思考停止の集団心理

恐怖と不安は集団的マインドコントロールの最も効果的な手段です。不安に圧倒された人は、自分で感じ、自分で考えることをやめ思考停止状態になります。アメリカでは９・11同時多発爆破事件の45日後に、「愛国者法」がほとんど反対票もなく両院議会をスピード通過し、アメリカ国内外を隅々まで監視する許可を政府に与えてしまいました。「今や、治安と国家機密漏洩《ろうえい》防止こそが我が国の最優先事項だ。テロリスト予備軍を見つけ出すために、政府は責任を持って全米を隅々まで監視する」との当時のブッシュ大統領の演説をマスメディアも国民も大歓迎したことに違和感を覚えた人々は少数派でした。

「愛国者法」は表面的には「テロリスト予備軍」を探し出すためでしたが、実際には、アメリカのみならず全世界のすべての人の電話盗聴やネット検索を可能にしたことは、その後２０１３年にＣＩＡおよびＮＳＡ（アメリカ国家安全保障局）職員だったエドワード・スノーデンが命の危険を冒して内部告発したことで明らかになりました。

アメリカ国民の思考停止状態は続き、2003年には、大量破壊兵器を隠しているとの口実でイラクへの先制攻撃を行い、フセイン政権を大統領府ごと破壊しイラク国家を崩壊させてしまいました。15年後の今日、大量破壊兵器保有の疑惑は、CIAの捏造《ねつぞう》だったことが明らかになっています。[19] この国際法上違法な戦争を、アメリカ連邦議会は、たった1票の反対で圧倒的に支持したのでした。ちなみにたった1人反対を主張したのは、私の街カリフォルニア州オークランド市地域を代表するアフリカ系の女性議員バーバラ・リーでした。

我が家近くの彼女の事務所には、批判や脅迫の電話が殺到し大騒ぎでした。それでも彼女は動ずることなく、なぜ反対したのかをメディアや支持者に語り続けました。議会全体が「報復戦争だ」と感情的になっているときこそ、「議員は何をなすべきか」を冷静に考えたいと思い、合衆国憲法を読み直したのですと。そこには議員の義務が書かれており、議員は、大統領や行政府が勝手なことをしないように監視し、ブレーキをかける役割だとあった。支持者たちから、たった1人で反対した勇気を讃えられて彼女は次のように答えました。

「私は特に勇気のある人間ではありません。ただ、議員として、いま何をするべきなのか？それを考えて、憲法の精神に基づいた行動をしただけです」と。彼女はその後の選挙でも支持者を増やし、２０１８年の今日まで、20年間連邦議員を務め続けている71歳のカリフォルニアの誇る議員です。

２０１７年の北朝鮮ミサイル発射実験に対して、日本では政府主導によるＪアラートや避難訓練、そしてマスコミの大々的な危機報道によって日本中に不安が伝染しました。不安を煽《あお》られた人々は、うろたえ、恐れ、保身を強めて思考停止になり強いリーダーの登場を求めます。

カルト集団のメンバーがリーダーの言うままになって殺人や犯罪を犯してしまうのも、不安と恐怖を使った支配のもとでは、自分で感じ、自分で考えることをしなくなってしまう集団心理によります。

私が出会ってきた多くのＤＶ家庭の中でも同じことが起きていました。夫や同居人がしつけと称して子どもに体罰、虐待を繰り返しても母親がそれを止めようとしないばかりか、ときには協力して死に至らしめてしまう虐待死に見られるケースです。たいていその母親も夫から暴力を受けています。２０１８年3月に起きて広く話題になった東京・目黒区虐待死事件は、その典型的なケースでした。[20] あの事件の母親はほぼ確実に、夫から相当の暴力を受けていたＤＶ被害者です。ＤＶ被害者支援に従事していればすぐにわかることなのですが、児童相談所がそのことに気づけず、あるいは気づいていたとしても、母親に支援の手を差し伸べなかったことが、あのケースの決定的な過ちだったと、私は推定しています。夫や恋人の暴力による不安と恐怖によって支配されると、被害者はまず自分で感じることをストップします。感じることができないと人は自分で考えることができなくなります。そして思考停止のまま、支配者の言われるままになってしまうのです。それがたとえ、自分の愛する子どものいのちに関わることであっても。

２０１８年3月に起きた目黒区虐待死事件の衝撃が冷めやらないうちに、２０１９年1月、千葉県野田市虐待死事件が起きました。このふたつの虐待死事件にはいくつもの共通点があります。その1は、どちらも父親のしつけと称した体罰がエスカレートして死に至ってしまったこと。その2は、どちらも母親は夫から相当の暴力を受けてきたＤＶ被害者で、学習性無力感状態だったこと。その3は、どちらも子どもは一時保護されており、児童相談所の初期介入システムは機能していたことです。

しかし、多くの児相にはその次のステップの支援がないために再虐待になってしまいます。子どもを一時的に救出することまではできても、その後、虐待した親が変わるための効果的な関わりのノウハウが用意されていないところが多いです。さらには諸外国のように、拒否的な親に対しては、家庭裁判所が直接関与して、回復プログラム受講を義務づける法的整備もありません。特にこのふたつの事件のように虐待していた父親が強圧的に親権を振りかざしてくると、児相は再虐待を恐れながらも親元に子どもを返す方向に流れてしまいがちです。子どもへの虐待とＤＶが家庭内で同時に起きているケースは少なくありません。子どもを虐待している親が同時にパートナーも虐待しているＤＶ加害者である場合、ＤＶ被害者への支援の手が差し伸べられない限り、子どもへの虐待を止めることは困難です。[21]

目黒事件でも野田事件でも、ＤＶ被害者の母親のニーズに応える援助なしに、子どもを守ることは不可能であることを児相は知っていてほしかったです。また警察は、夫の子どもへの暴力を止めなかった共謀容疑でどちらの母親も逮捕しましたが、母親はＤＶ環境から抜け出し、残された子どものケアができるようになる支援が必要なのであって、母親の収監は子どもたちにダメージしかもたらしません。

虐待に至った親の回復ＭＹ ＴＲＥＥ ペアレンツ・プログラムを18年間実施してきた私たちの経験では、プログラムに参加した親の３～４割がＤＶ被害を受けているか、あるいは過去に受けてきた人たちです。プログラム受講中にＤＶ夫との離婚や別居を実現して子どもとの関係を変えた人も何人もいました。

どちらの事件でも、一時保護した時点で、児相がタイムリーに母親たちをMY TREEプログラムにつなげてくれていたらと思ってしまいます。それを可能にする環境整備のためには、DV防止法の改正や、裁判所の直接関与を可能にする法整備が必要であると同時に、もっと多くの児相でこのプログラムが取り入られる必要があります。思えば18年前、MY TREEペアレンツ・プログラムが始まった年に起きた衝撃的な6歳の子の虐待死、尼崎事件も再虐待ケースでした。緊急介入は成功し、子どもは施設で安全な生活を始めたのですが、外泊で家庭にもどったとき、母の同居人男性から拷問のごとき虐待を受けた末に死亡しました。「親が変わらなければ子どもは家に帰れない」と当時の施設長は苦渋の中から語りました。このようなケースの母親こそMY TREE ペアレンツ・プログラムにつなげてほしいと、当時のマスコミ取材で語ったことを記憶しています。

共通点の8　どちらにも共通する「怒り」も、またやっかいな感情です

この項目は次章「怒りの仮面」で論じます。

注

1 公益社団法人セーブ・ザ・チルドレン・ジャパン　「子どもに対するしつけのための体罰等の意識・実態調査結果報告書『子どもの体やこころを傷つける罰のない社会を目指して』」２０１８年２月15日発表　http://www.savechildren.or.jp/jpnem/jpn/pdf/php_report201802.pdf

2 文部科学省「体罰の実態把握について（平成28年度）」、２０１５（平成27）年度は１６９９人。

3 友田明美『子どもの脳を傷つける親たち』ＮＨＫ出版新書、２０１７年

4 The Costs of War ホームページ　http://watson.brown.edu/costsofwar/about　２０１８年７月10日アクセス

5 アフガニスタン戦争における犠牲者数　http://web.econ.keio.ac.jp/staff/nobu/iraq/casualty_A.htm　２０１９年２月20日アクセス

6 藤原武男・東京医科歯科大教授、イチロー・カワチ・米ハーバード大教授らの合同研究。２０１７年発表。

7 Gershoff, Elizabeth T., Grogan-Kaylor, Andrew, "Spanking and child outcomes: Old controversies and new meta-analyses", *Journal of Family Psychology*, 30(4): 453-469; "Risks of Harm from Spanking Confirmed by Analysis of Five Decades of Research", *UT News-The University of Texas at Austin*,

2016-04-25, Retrieved 2017-11-28.

8 Costs of War ホームページ　http://watson.brown.edu/costsofwar/figures/　2018年7月10日アクセス

9 森田ゆり『虐待・親にもケアを——生きる力をとりもどすMY TREEプログラム』築地書館、2018年

10 岡垣知子「『先制』と『予防』の間——ブッシュ政権の国家安全保障戦略」『防衛研究所紀要第9巻第1号』（2006年9月）参照。

11 「毎日新聞」2017年3月1日付

12 陸上自衛隊研究本部作成「南スーダン派遣施設隊第五次要員に係る教訓要報」Buzz Feed News 2017年3月16日

https://www.buzzfeed.com/jp/kotahatachi/jsdf-ptsd?utm_term=.kjbg4a95M#.nnvDYMAnl 2018年7月10日アクセス

13 アレン・ネルソン『戦場で心が壊れて——元海兵隊員の証言』新日本出版社、2006年

アレン・ネルソン『ネルソンさん、あなたは人を殺しましたか?——ベトナム帰還兵が語る「ほんとうの戦争」』講談社文庫、2010年

14 森田ゆり「アレン・ネルソンと森田ゆりの対話」『非暴力タンポポ作戦』解放出版社、２００４年
15 スウェーデン政府機関・Save the Children Sweden『子どもに対する暴力のない社会をめざして
——体罰を廃止したスウェーデン30年の歩み』２００９年
kodomosukoyaka.net/pdf/2009-sweden.pdf#page-5　２０１８年7月10日アクセス
16 家庭裁判所調査官研修所監修『重大少年事件の実証的研究』（司法協会発行、２００１年）p. 34
17 内閣府防災情報のページ「中央防災会議 災害教訓の継承に関する専門調査会報告書 平成20年３月
１９２３関東大震災【第2編】」第2章、３章、４章参照。
http://www.bousai.go.jp/kyoiku/kyokun/kyoukunnokeishou/rep/1923_kanto_daishinsai_2/index.html
２０１８年７月10日アクセス
18 M.Gilbert, *NUREMBERG DIARY*, Da Capo Press, Reprint edition August 22, 1995. ／訳：森田ゆり
19 ＴＢＳ報道特集「偽情報で開戦——イラク戦争15年」２０１８年12月29日放送
20 森田ゆり「虐待死事件から親の回復ケアを主張する」月刊『部落解放』２０１８年8月号
21 森田ゆり『ドメスティック・バイオレンス——愛が暴力に変わるとき』小学館、２００１年（小学
館文庫、２００７年）

2

怒りの仮面

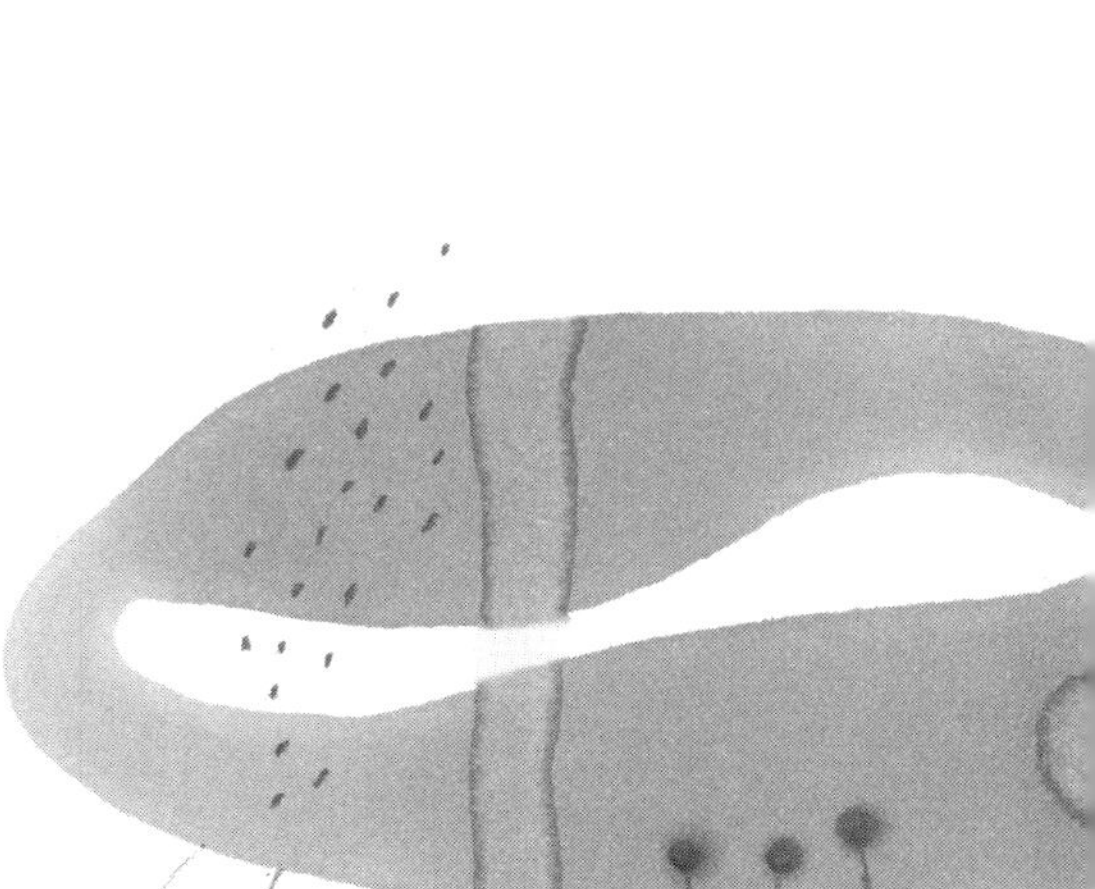

戦争で自分の同胞が殺されたとなると人々は激しい怒りを覚え、闘志を燃やします。その怒りは「同胞を守るために」「仇《かたき》を討つために」という大義となって人間どうしの破壊行為を正当化します。双方の破壊行為が起こるたびに怒りは増幅し、通常では決してしないような残虐行為に、人々は手を染めることにもなります。

戦闘中でない陸軍兵士のあいだでは、激しい怒りより、小さな怒りが慢性的に起きているようです。大半の兵士は、いつ部隊が移動し戦闘開始になるかもわからず、命令が出たらただそれに従って動くだけでなので、見通しも立たず、不安定で理由のないイライラ感を常に持ち続けています。

イライラ感とは、怒りのひとつのタイプの感情で、この感情を持ち続けていると、些細なことで激しい怒りがこみ上げてきて、自他への攻撃性を発揮しやすくなります。軍隊は、はっきりとした階級社会なので、小さな怒りの集積は、自分より地位の低い者をはけ口にして、殴る、蹴る、ビンタの嵐の体罰、制裁として放出されます。

兵士の怒り――水木しげるの戦争記録

『水木しげるのラバウル戦記』[1]は、ラバウルの前線に送られた21歳の水木初年兵が、片腕を失って帰国するまでの3年間、ビンタの体罰に明け暮れる兵隊たちの日々を、絵と文章とで淡々と描いている貴重な戦争の記録です。

「酒の配給である。運んだり、分けたりするのは全て初年兵の仕事、何かの手違いでヘマをすると、すぐにビンタがビビビのビンとくる。」

「意地の悪い古兵どのが初年兵になりすまして一人おり、談笑しながら歩いていると、態度がだらしないというご注意。ご注意だけならいいのだが、『きをつけ』をしてお互いに殴り合うという、バカな真似をさせられて、なぐり方が軽いと、やり直しを命ぜられるから、罪もない同年兵をピンピンなぐらねばならない。」

「軍隊では畳と初年兵はなぐるほど良くなるという明治時代からの金言がはばをきかしているのだ。『あんたこんな地の果てのようなところへきて、ビンタゲームでもないでしょう』と言いたかったが、だまっていた。そんなことを言えば、おそらく古兵は語りあっておしかけ、半殺しの目にあっただろう。」

「ぼくはどこへ行っても、ビンタでは一、二位を争う位なぐられた。即ち、ビンタの王者だったわけだ。ということは、あまり〝軍人〟らしくなかったのかもしれないナ。というよりも〝要領〟が悪かったのだろう。」

「ある夜、なんとなくやかましいので外をみると、小林が古兵たちになぐられていた。（中略）小林はだんだん青ざめてゆき、やせておどおどし出した。もともと体も小さく、丈夫な方ではなかったから、こんな山奥で作業をするのは、ちょっとムリなのだ。（中略）軍隊で体が弱いほど、哀れなことはない。」

「上陸した頃は、ココボはまだ陸軍の基地で、たしか一〇三兵站《へいたん》病院もあり従軍慰安婦もいた。彼女たちは『ピー』と呼ばれていて、椰子林の中の小さな小屋に一人ずつ住んでおり、日曜とか祭日にお相手をするわけだが、沖縄の人は『縄《なわ》ピー』、朝鮮の人は『朝鮮ピー』と呼ばれていたようだ。彼女たちは徴用されて無理矢理つれてこられて、兵隊と同じような劣悪な待遇なので、みるからにかわいそうな気がした。」

援軍がないまま玉砕を覚悟して前線へ出発する前日、遺書を書かせられ、ピー屋（従軍慰安所）に行ってよいとの命令が出ました。その無謀な突撃で、水木しげるは片腕を失いますが、一命を取り留め、敗戦となったのです。

「とにかく日本に帰るまではビンタ生活から逃れられなかった。」

水木しげるが経験した戦争は、古兵たちの慢性的な怒りの集積とビンタ体罰の日々でした。

軍隊内の体罰・いじめ――山本七平の『私の中の日本軍』

戦後の著名な評論家・山本七平は、フィリピンのジャングルの前線で従軍した地獄のような日々を圧倒的な筆力で『私の中の日本軍』（文藝春秋、1975年）に書いて話題になりました。その中で彼が克明に、多ページを割いて書いたのが、軍隊内の体罰、制裁です。

「入営前に、軍隊という言葉を聞いただけで連想されるのが、その恐ろしいリンチの噂であった。誰も声高には言わなかったし、新聞にも一行も報ぜられていなかったが、しかし全ての者が知っていた。」

「当時多くの者がなんとかして兵役を逃れたいと内心思っていた現実的な理由は、このリンチの噂であった。」

凄惨で残酷な初年兵いじめのやり方をこれでもかと克明に描く山本氏の筆致は、彼の従軍体験の恐怖が、敵と撃ち合う時間よりも味方内の懲罰としての制裁にあったことを推測させます。

「リンチとゴマスリ競争と思考の停止と一種の条件反射、それに、もうどうにでもなれと言った諦めが奇妙な相乗作用となり、まるで催眠術にかけられたように、歩けと言われれば歩き、撲れと言われれば撲り、靴の底や痰壺をなめろと言われればなめ、ついに『総括者』が直接手を下さなくても、向い合って撲り合えと言われれば、互いに本気に撲り合いをする私的制裁の極致『対抗ビンタ』まで可能になっていく。」

このような初年兵制裁を毎晩のようにしていたエリート兵長が戦後、大学教授になっていることも付記し、戦争が平常時では起き得ないような暴力のエスカレートをもたらし「おそるべき知的鈍麻、思考停止、倫理感の完全な喪失」の集団心理を指摘しました。[2]

第6章「戦争とトラウマ」で詳しく取り上げますが、日本軍における戦時下戦争神経症の研究に端緒を開いた清水寛は、国府台《こうのだい》陸軍病院で敗戦直後の焼却廃棄を免れた8002人の陸軍兵士の精神病患者の病床日誌（今日でいうカルテ）を30年以上研究してきました。

清水は、兵士のPTSD発症の原因を6つに整理し（本書6章180ページ参照）、そのうちのひとつに「4　軍隊生活での私的制裁によるもの」をあげています。

さらに、NHK ETV特集「隠されたトラウマ――精神障害兵士8000人の記録」（2018年8月放映）の中で、清水はこう語っています。

「私的制裁が一応禁じられていましたけれど、かなり酷い私的制裁を受けて、病気になってもそれを処罰する状況には軍はなかったようだ。私は日本の軍隊における精神障害の大きな特徴の一つが、私的制裁を受けて発病したということと考える。」

体罰は怒りの爆発

では、子どもに対する体罰における怒りを考えてみましょう。

先述した虐待に至ってしまった親の回復ＭＹ ＴＲＥＥペアレンツ・プログラムに参加したひとりの親がこう語りました。

「何度言っても言うことを聞かないので、あんまり腹が立って頬を思いっきり叩いたら、子どもは泣くでもなく、怖がるでもなく、謝るでもなく、固まってただ私の目をじっと見るのです。その子どもの反応に怒りが一気に燃え上がりました。泣いてごめんなさいを言うまで叩き続けないと気がすみませんでした。」

子どもに対しての保護者の体罰は、ほとんどが怒りの爆発です。体罰行為に対する子どもの反応に刺激を受けて、保護者はいっそう怒りをつのらせ、その怒りは殴れば殴るほど増幅し、抑えがきかなくなります。自分のした体罰行為が自分の怒りを増殖するのです。死傷に至ったほどの深刻な身体的虐待ケースの多くはこのような体罰がエスカレートした結果です。

ＭＹ ＴＲＥＥペアレンツ・プログラムでは、怒りが抑えられなくて暴力に転じそうな瞬間を、「死の危険」と呼び、その瞬間にするジェスチャーを学びます。認知を使うだけでなく、身体の身振りとグループ内の力動を使うことで感情爆発を避けるスキルで、修了生の多くは「死の危険」を活用して自分の暴力衝動をコントロールするひとつのツールとして使っていきます。

「あなたが〈怒りの仮面〉の感情に乗っ取られて、子どもに手を上げたその瞬間は、死に至るかもしれない道の始まりなんです」「子どもを死に至らしめてしまった親の多くが、初めから殺そうとして手を上げていたのではないのですから」「暴力のエスカレートしてしまう性質は恐ろしいものです」

ＤＶも子どもへの虐待も、相手を自分の思うようにしたいとの圧倒的なコントロール欲求から起きている行動です。この欲求は相手を死に至らせるかもしれないほど強いものです。相手を傷つけてでも自分が勝ちたい、この瞬間とは相手が死ぬか、自分が勝負から降りるかの境目なのです。[3]

体罰を受けた子どもたちと話をすると、多くが「自分が悪かったから仕方ない」と言います。「宿題しなかったから殴られても仕方ない」と、Aくんは言いました。「そのとき、どんな気持ちになった？」という私の質問に、彼は「自分が悪かったから仕方がない」と返事したのです。「誰が悪かったのかを聞いているのではなく、そのときのあなたの気持ちがどんなだったかを知りたいんだけど」とさらに聞くと彼はしばらく考えてから、「すごく怖かった。その後は、やたら悔しくなった」と言いました。

親や教師から体罰を受けた中学生十数人に同じ質問をしてまわったことがあります。共通していた反応のひとつは、Aくん同様に皆、そのときの気持ちを言葉にすることに時間がかかったことです。「そのとき、あなたはどんな気持ちだった？」と聞いているのに返ってくる答えは「先生も一生懸命だったんだ」とか、「親も自分のことを思っているから叩いたんだと思う」「わがままを言った私が悪かった」と、自分の感情は置き去りにしていることが多いのです。このことは、子どもがその体罰をどのように受けとめたかよりも、体罰が社会でどのように認識されてきたかを物語っています。

体罰をするおとなたちは、子どもが許されざる行為をしたときは、身体的苦痛をともなう罰を与えることで子どもにその過ちを体で理解させるのだと、体罰の正当性を主張します。しかし、体罰が子どもに身体的苦痛よりはるかに大きい心理的苦痛をもたらしていることについて、考えてみたことがあるのでしょうか。

体罰を受けたとき、子どもは身体的苦痛以上にさまざまな感情を抱きます。それはまずは恐怖感や不安であり、そして悔しさであり、惨めさであり、屈辱感でありと、人によってさまざまです。しかし、体罰をする側は正しくて、された側はまちがっているという構造がゆるがなく存在するとき、そんな感情は取るに足らないもの、抱いてはならないもの、表現してはならないものとして行き場を失い子どもの身体の中をさまようしかありません。認められなかった感情、表現を許されなかった感情、とりわけ本人自身も認めることができない感情は人の心のなかの異物となり、しだいに深い怒りの感情に変化していきます。

子どもたちの気持ちの絵

本来、怒りは健康な感情です。怒りの感情は心の中が傷ついていることを知らせてくれます。不当にあつかわれたり、大切な人が傷つけられたとき、人は怒ります。

次ページの小１男子の怒りの絵を見てみましょう。

「これはどんな気持ちを描いたの?」と質問すると彼は、「お母さんが、ピアノの練習をしろとうるさい。今やろうと思っているときに言うので、すごく腹が立って、耳から煙がもくもく出る」と答えました。この絵は健康な怒りを描いています。不当だと感じたことに対して全身で怒っている、ストレートな怒りです。空では太陽も一緒に怒ってくれています。こうやって言葉や絵で表現すれば、さっと心の中から消え去ってしまう単純な怒りです。[4]

自分の気持ちを言葉にし、それを言葉で人に伝えることの大切さを子どもたちに伝える「気持ちのワークショップ」を１９９８年から関西圏の小学校の図工の時間２時限をもらって５年

子どもたちの気持ちの絵

「どんな気持ちもあなたの大切な気持ち」
「気持ちの絵を描きます。どんな気持ちでもいいですよ」
1998 年から学校や施設で実施している「気持ちのワークショップ」の最後に、
子どもたちが描いたくさんの絵から選びました。

1 小１男子の怒りの絵。「お母さんがピアノの練習しろとうるさい。やろうと思っているときに言うから腹がたって、耳から煙がもくもく出る」。
気持ちのよいほどストレートな直球型の健康な怒り。空では太陽も一緒に怒ってくれている。描いて表現したことで消えてしまう怒り。

2 「どんな気持ちを描いたの?」と聞くと、「キレそう」とだけ言った小４男子の怒った顔。同時に涙も流しています。二次的感情としての怒り。怒りの裏には深い悲しみや恐れの感情が渦巻いている。時に自他への攻撃につながる怒り。

3 「はらがたって頭の中がムズムズする」

4 「まん中の青い服の子はどんな気持ちなんだろう?」と聞くと、「お父さんがお母さんをなぐる」とだけ答えた。DV 家庭の子の絵です。頭に大きな角を生やした父親の左手の異様な太さがこわい。
右の机の前で目をくりくりさせて笑っている子を指差して、

「この子は誰?」と聞くと、「ぼく」。その次の言葉に凍りつきました。

「机の前に座ると何も聞こえない、何も感じない」

この子は解離している。

1〜5 出典:『気持ちの本』作・森田ゆり、
絵・たくさんの子どもたち、童話館出版、2003年
絵は、子どもたちの許可のもとに収録。

5 木の枝でたたかれて、痛くて悲しい。

6 悲しい気持ち。こわい夢をみて、すごく悲しくなった。

7 「３つの感情のシンボルを色にしてみたよ」と小５の男子。

8 赤クレパスを握るなり、画用紙のまん中に力いっぱい、一心に赤を塗り続けました。でも、まん中に自分の顔を描くスペースはちゃんとあけて。「どんな気持ち描いたの?」と聞くと、「怒ってる」。「誰に?」「自分に」。いつも穏やかでニコニコして、職員をよく手伝い、他の子にも優しい小２の女子。こんな激しい怒りを内に秘めていたんだ。絵に描けてよかったね。「先生にこの絵あげる」とさらりと言った。

9 胸の前で血だらけのナイフを持つ子の絵。「どんな気持ちを描いたの？」「死ねっていう気持ち」と答えた小５の男子。「死ねって、どんな気持ち？」と聞くと、こわかった出来事を話してくれた。

6〜12　児童心理治療施設などで実施しているアロハ・キッズ・ヨーガクラスの第１回目に行う「気持ちのワークショップ」の最後に子どもたちが描いた気持ちの絵。子ども1人ひとりの許可を得たうえで、施設長の承認のもとに掲載。

10 「もう時間。片づけますよ」と声をかけたら、大急ぎで描き始めた鉛筆の絵。A3 の画用紙いっぱいの大きな男は継父。右下の豆粒のように小さいのがオレ、小３男子。
「なにしとんねん。ふっとばすぞ」と継父。「ごめんなさい」とオレ。「ちょうしのんな」と継父。「だって」とオレ。「だってもくそもあるか。ちょうしのんな」と継父。「いつもこうやってなぐられていた。本当に剣を出したわけじゃないけど、そのぐらいこわかった」。

継父から暴力を受けていたことをこのとき初めて人に話した。

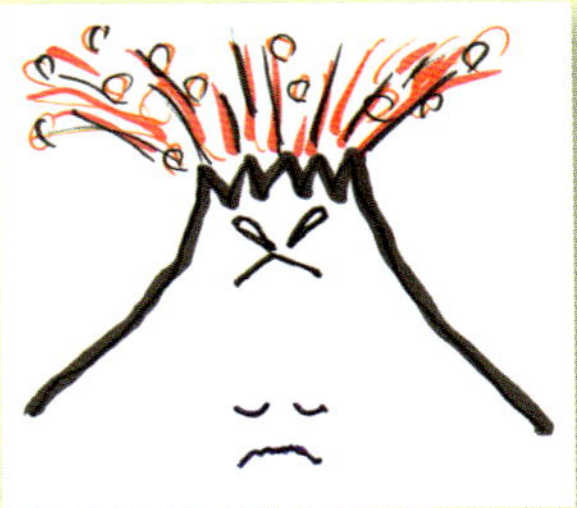

11 あまりにはらがたって、ばくはつした。でも、心の下のほうでは泣いている。

12- 上

12- 下

12－下　「悲しくてつらい自分。でもここに来てヨーガをしているとハシゴをのぼって行ける」

12－上　「そうすると温かくてしあわせな自分になる。瞑想《めいそう》を毎日していて、心理士さんに気持ちを言えるようになった。集中力がすごくついてきて、学校の成績が上がった」中２女子。

間実施しました。授業の最後には、「どんな気持ちでもいいから気持ちの絵を描こう」と、気持ちの絵を描いてもらいました。たくさんの興味深い絵が生まれていきました。その5年間の実践を絵本にして出版したのが『気持ちの本』(作・森田ゆり、童話館出版、２００３年）です。

心のなかは、目で見えない。
でも、心のなかでおきていることを、気持ちが知らせてくれる。
しあわせな気持ちは、心のなかが、安心していることを知らせてくれる。
いかりの気持ちは、心のなかが、傷ついていることを知らせてくれる。

（『気持ちの本』より）

『気持ちの本』の出版は大きな反響をもたらし、この本を使ったさまざまな取り組みが行われてきました。２００５年に教育委員会や民間団体の要望で、『気持ちの本』を使ったワークショップを学校の授業や放課後活動の中で実施するための〈気持ちワークショップ〉プログラムを開発しました。以来14年間、『気持ちの本』を使った、60分の〈気持ちワークショップ〉を実施するファシリテーター養成講座を年に2、３度開催してきました。今では全国各地でたくさんの方たちが、学校で、地域で〈気持ちワークショップ〉を実施しています。

こう感じると悪い子だとか、こう感じてはいけない、などということはない。

ぶたれたら、だれだっていたくて、くやしくて、泣きたい気持ちになる。
泣きたくなったら、泣いてもいいよ。

ぶたれたら、はらがたって、いかりの気持ちになる。
そんなときは、おこってもいいんだよ。
でも、おこって、人をぶつのではなく、
そのいかりの気持ちを、言葉でつたえよう。

『お兄ちゃんがぶったから、くやしくて、はらがたつ』ってね。」

（『気持ちの本』より）

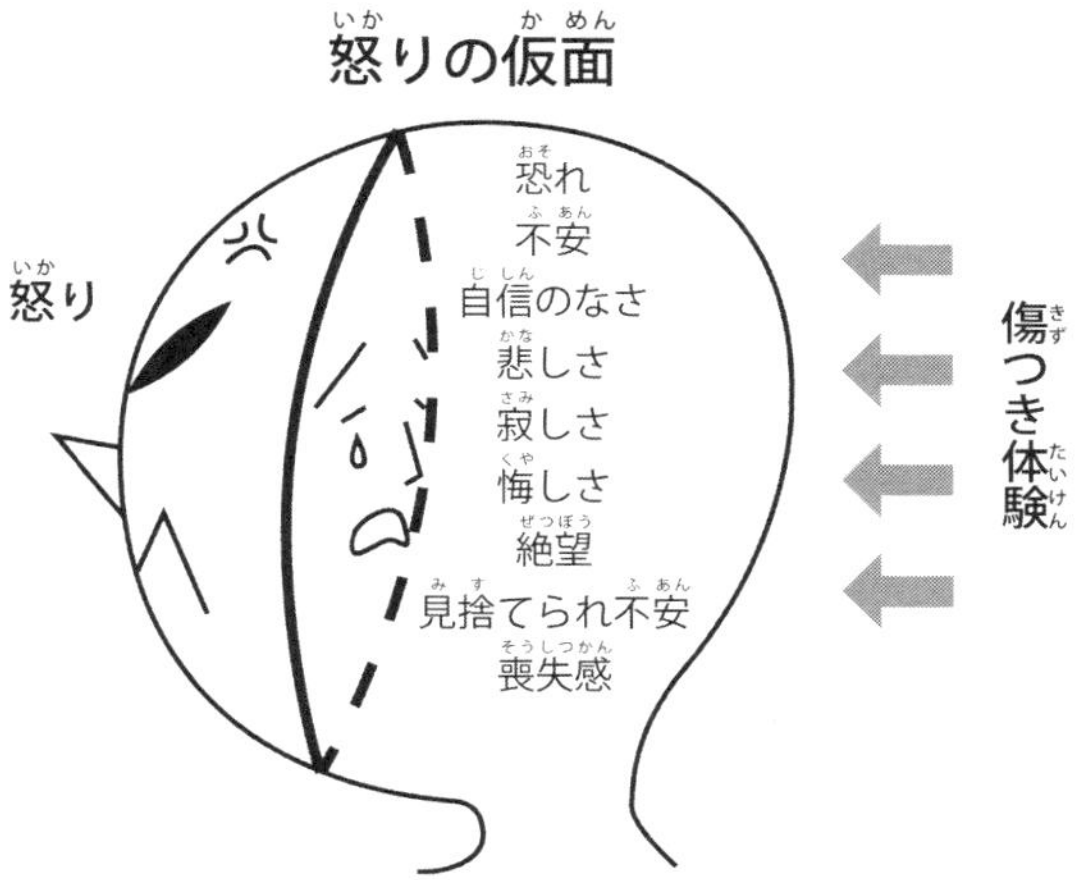

出典：森田ゆり『虐待・親にもケアを』
築地書館、2018 年

二次感情としての怒り

もうひとつのタイプの怒りがあります。**気持ちの絵2（54ページ）**を描いていた小学4年生の子に、「この絵はどんな気持ちを描いたの？」と聞きました。すると彼は、「キレそう」とだけ言いました。怒っているのです。でも、絵をよく見ると涙も流していますす。怒っているけれど、泣きたい気持ちもあるのです。複雑な感情としての怒りです。二次感情としての怒りとも呼ばれます。自分か他者への攻撃行動をもたらすのは、このタイプの怒りです。

私はこのタイプの怒りを「怒りの仮面」と名づけました（『気持ちの絵本』より）。

前ページの図を見てください。心や体が傷つけられる体験をたくさんしたのに、そのときの気持ちを誰にも話せず、話しても共感してもらえなかった子どもは、攻撃行動という怒りの仮面の裏に悲しくて、悔しくて、怖くて、不安で、泣きたいような感情を隠し持っています。そのことを暴力の被害者、加害者の相談を受けるなかで、何度も経験してきました。そのときの攻撃行動は自傷、自殺企図、酒や薬物や食べ物依存などの自分攻撃か、暴言暴力、体罰などの他者攻撃です。[5]

「怒りの仮面」を活用する――自傷と他者攻撃を減らすために

14歳の少女Cさんは、母親に連れられて私のところに来ました。学校に行けず家にいることが多く、近くの公園でたまたま会った17歳の男子から性暴力を受けたことが発覚してすぐのことでした。

セラピーのセッションに同席させてほしいと懇願する母親に、「それはできないです。特に最初のセッションでは親が同席しないことが私のやり方です」ときっぱりと断りました。少し気分を害したような表情で母親が部屋から出て行くとすぐに、Cさんは腕をまくり上げて、私の目の前に、10本以上はあった自傷の傷あとを見せました。そして、こちらから質問をするまでもなく、いつ、どこで、何を使って切るかを自分から話してくれました。そのため、短時間で多くの彼女の生活環境を知ることができました。とりわけ、自傷は性暴力被害にあう1年前からしていること、母親は彼女の自傷に気がついていないこと、父親の言うなりになっている母親を軽蔑していることなどは、重要な事柄でした。

ところがひとたび、私の質問が感情に関することになると、彼女の言葉は止まり、「うーん」と、うなるばかりでした。

森田　カミソリを手にして切ろうと思ったその直前は、どんな気持ちだったの？

C　イライラして、どうにもたまらない。宿題も何も手がつかない。

森田　イライラの他にはどんな気持ちがあったの？

C　きしょい。むしゃくしゃして、キレそー。

森田　それって、怒りの気持ち?

C　そう。

森田　カミソリで自分を切りたくなるほど、怒っていたんだ。よほどの怒りだったのね。ところでそのとき、怒りの気持ちのほかに、どんな気持ちがあったかな?

C　えー、わかんない。おぼえてない。

森田　そうか。気持ちを言葉にするのって、難しいものね。じゃあ、これを見て。これは「怒りの仮面」っていう図なの。Cさんが手にカミソリを当てるときは、この怒っている仮面をかぶっている状態なの。でもそのとき、仮面の裏にはほかの気持ちがあって、それはたいてい、この絵みたいに泣きたいような気持ちなのね。これ、ひとつずつ見ていこう。

仮面の図に書いてある9つの感情から、Cさんは、即座に自分の場合はこれとこれとこれと指さしました。

恐れ、見捨てられ不安、悔しさ。

その3つの気持ちについて、質問していくと、Cさんは、言葉を発することがつらそうに、長椅子に寝そべって「言えない。ムリ、ムリ、ムリ」と言いながら体を蛇のようにくねらすのでした。

「すごく怖い気持ちだったのね。話せなくてもいいよ。また今度、話したくなったら話してね」と言うと、すぐに彼女は、話しづらそうにではあったけれど、今聞いてもらわなければ、ほかに時はないとばかりに、積極的に父親からの体罰を語りました。回復への治療の第一歩に立つことができたのです。

最初に母親の同席を私がはっきりと断らなかったら、Cさんは自分を語らなかったでしょう。「怒りの仮面」シートを使わなかったら、父親からの体罰にともなっていた恐怖や見捨てられ不安などの感情を同定することに何倍もの時間が必要だったでしょう。

「怒りの仮面」のツールとしての有効性をあらためて認識したセラピーセッションでした。

日本の10代の若者のおよそ1割が自傷をしています。Cさんの母親がそうだったように、周りのおとなの大半はそのことに気づいていません。[6]

自傷をするティーンズに絶対してはいけないまわりの人の反応は、オーバーに驚きを表現し、なんとかやめさせようとすることです。「バカモン。親からもらった体をなんと思っている」と怒鳴りつけるのはもちろんのこと、「お願いだからやめて。あなたがそれをしていると私の心がナイフで切られるみたいに痛む」などと罪悪感を持たせることも、自傷を悪化させることになります。淡々と事実を受けとめ、相手の言葉や行動を反復承認しながら、その行動に至った感情を聴いていくことが最も効果的です。

多くの子どもとティーンズが、自分の感情を言語化することに困難を示します。なぜ自傷してしまうのかを、怒りの仮面を使って説明すると、アセスメントとしてだけでなく、その後のケアにつながり、子どもにも親や教師にもわかりやすく理解してもらえます。カミソリで自分の体を切るという攻撃行動のその瞬間に怒りの仮面をかぶったのは、その裏に充満している泣き顔が代表するような耐え難いもろもろの不快感情を感じないためです。それらの心の痛みを感じる苦しさから一瞬でもいいから逃れようとして、身体を傷つけます。くり返す中で脳内の化学物質、エンドルフィンやエンケファリンが分泌されて身体の苦痛を緩和します。ランナーズハイと呼ばれる、ランナーが経験する恍惚《こうこつ》感と同じ神経生理学的反応が起きているといわれています。[7]

今、誰かに手を上げた怖い顔をした人、その怒りの顔は仮面です。「あんな怖い顔しているけど、あれは仮面に過ぎない」と思ってみてください。そして、その裏には何があるのかと怒りの仮面の裏をのぞいてみます。すると、そこには泣いている顔に代表されるような感情、たとえば恐れや不安、悔しさ、さみしさ、絶望、見捨てられ不安などが混在して抑圧されていることが見えてきます。

DV加害者は「妻が俺を怒らせる」とよく言います。しかし本当は、妻の言動が夫の怒りを刺激したのではなく、仮面の裏側の感情を刺激したのです。その感情はその人の傷つき体験がもたらしたものなので、通常は抑圧されていますが、わずかの刺激に反応し膨れ上がります。

定年退職したばかりのA氏は、退職と同時に妻が「あなたの暴力と暴言がやまない限り、私はもどりません」と言って、出て行ってしまいました。病院に入院しなければならないほどの怪我を妻に負わせたこともあるA氏は、ようやく初めて、自分のしてきたことが暴力だったことに気が付きました。カウンセリングを求めてきた彼に、私はこう聞きました。

森田　ここでのカウンセリングのあなたの目的はなんですか？

A　妻が私を怒らせる。怒ると止まらなくなってしまうんです。怒りをコントロールできるようになりたいです。

森田　そうですか。でも、もし万一怒りがコントロールできるようになったとしても、あなたの妻への暴力はやみませんよ。

A　なぜですか。

森田　この怒りの**仮面の図**を見てください。怒りをコントロールするということは、この図の仮面をなんとかするだけのこと。たとえば、すぐに外に出て近所を30分間歩きまわって頭を冷やすとか、誰かに電話するなどの対症療法的なことをします。でも、仮面の裏側の感情に向き合わない限り、妻に攻撃的な自分になってしまう原因を変えることはできないです。

あなたは、妻の言動が自分の怒りを刺激したと思っておられるようですが、刺激されたのは仮面の裏側ではないですか。あなたの場合は、仮面の裏側のどんな感情が刺激されたのでしょうか。怒りのほかに、どんな感情がありましたか。

A　覚えてないです。頭真っ白でした。

怒りの仮面の図を拡大ラミネートしたシートを渡して、翌週までの宿題にしました。

1週間後、開口一番、彼はこう言いました。

A　この怒りの仮面の図は私です。自分そのもの。図をにらみながら、ずっと考えました。そして、わかったのです。仮面の裏の感情が。

森田　そうですか。よくたいへんな作業をされましたね。それで、それはどんな感情でしたか。

A　仮面の裏側の刺激された感情は、「妻すらも僕を大切にしてくれないのか。誰も僕を大切に思ってくれない」って、そういうとてつもなく寂しく冷たい気持ちでした。

森田　そうですか。それはなんと深い悲しみなのでしょう。その悲しみを言葉にして向き合おうとしているあなたは勇気がある人です。その悲しみを今、しっかり感じてください。

私がそう言うと、彼はしばらく涙を流されました。そしてさらに、こう言いました。

A　小学生のときから、父からいつもがんばりが足りないと言って叩かれていました。そのときの悔しくて、寂しい気持ちを今、次々と思い出しています。

森田　仮面の裏側をのぞくのは、つらいことだったでしょうね。特にあなたのように、子ども時代の自分の悲しみは、絶対に思い出すまいと、ふたをして、ずっと強がってきた人には。ハッタリではない本当の勇気がいることをよくされましたね。

A氏は、父親からの体罰を克明に覚えていましたが、その日までずっと、体罰を受けたことは良いことだったと思い続けてきました。父が厳しくしてくれたからこそ、自分はいい大学に入り、それなりの社会的地位を得ることもできたんだ、強い男になれたんだと。しかし、彼の心の中では、50年以上にわたって9歳の小さな少年が、父を恐れ、不安を抱え、父に認めてもらえない自分を悲しみ、震えて泣いていたのです。[8]

怒りの仮面の図は、最初は、虐待してしまう親の回復プログラム「ＭＹ ＴＲＥＥペアレンツ・プログラム」のためにつくったものです。このプログラムは２００１年に開発し、児童相談所などとの連携の中で実践を広げてきたものです。２００１年から２０１８年現在まで、大阪府、大阪市、堺市、富田林市、京都府、京都市、加東市、奈良県、埼玉県の児童相談所、県や市の家庭児童課など、東京都、横浜市、日光市、宮崎市などの民間団体などの主催で、17年間実施してきました。２０１９年3月現在１１３８人に虐待言動を終止した修了生を出しています。

少人数での13回セッションの中の4回目では、この怒りの仮面の裏側を見つめる作業をします。グループの力動を上手に使うとたいへんにインパクトの強いツールなので、このセッションを契機に、子どもとの関係を大きく変えていく参加者が多いです。

以下はいずれも、体罰、虐待がやめられず苦しんでいた親たちが、ＭＹ ＴＲＥＥペアレンツ・プログラムを修了したときのアンケートに書いた言葉です。

「怒りはいけない気持ちと思っていましたが、怒りは大事な気持ちでとても複雑な気持ちで、一つひとつを誰かに語れたとき、怒りの爆発はなくなったように思います。」

「怒りの仮面の裏にある、本当の気持ちを知る学び、印象深いです。イライラして八つ当たりしている自分がいたときに、『今どうして、こんなにイライラしているのだろう』と考える余裕を持つことができています。」

「感情が爆発しまくっている子どもに、以前は叩いてでも静かにさせようとしていたので、それが高じて体罰が習慣になっていました。怒りの仮面を知ってから、この子の怒りの感情の裏は今どんな悲しい気持ちでいっぱいなんだろうかと思うと、こちらの怒りが刺激されなくなりました。」

「怒りの仮面」を使う大前提の①は、どのような感情も大切でいいも悪いもない。たとえ怒りやねたみも悪い感情ではない。②は、それをありのままに受け入れ、認める。これが、感情調整方法の基本です。[9]

『どんな気持ちも大切な気持ち』と最初に聞いたときは、『???』となっていました。子供の嬉しい楽しい気持ち、悲しい悔しい気持ちに共感してあげること。わたし自身のどんな気持ちもとても大切。心に響いた感じがして、それからの自分のストレスのはきだし方が上手になった気がしました。」（MY TREEペアレンツ・プログラム修了生の言葉）

数年前、私の「しつけと体罰」の研修に参加された特別支援学校のM先生は、怒りの仮面を使ってこんな効果的な関わりをされたことを報告してくれました。

高校1年生の男子生徒が学校で他の生徒へ暴力を振るったため、家庭訪問をしました。M先生の目の前で、父親は学校で問題を起こしたことを怒って息子を殴りました。父親は初めは、今の先生たちは甘くてダメだ、自分はきっちりとしつけているとの趣旨で話していました。M先生は、父親に「怒りの仮面」をコピーしてラミネートした図を見せながら、息子がなぜ問題行動を起こしてしまうのかを説明しました。すると、父親は自分も父親から体罰を受けていたことを語り始めたのです。

息子を体罰でしつけることは効果がないばかりか、問題の原因はまさにその体罰にあることを説明する必要もなく、「怒りの仮面」の図が心のレベルでの理解を父親にもたらしてくれました。

「かんしゃくを起こして手がつけられない子どもに、ＭＹ ＴＲＥＥで教わったように、怒りの仮面の裏の感情を推測して言葉にして言ってあげると、一気に子どものかんしゃくが収まるので驚いています。」

（ＭＹ ＴＲＥＥペアレンツ・プログラム修了生の言葉）

性暴力加害ティーンズ怒りの仮面

性暴力は、沈黙の犯罪と呼ばれています。加害者が守る沈黙、被害者が強いられる沈黙、社会が培養する沈黙。この三者の沈黙の罠《わな》の中で、被害者はたったひとり、孤立して苦しみ、被害にあったことすら認めてもらえず、家族関係、友人関係が壊れていく。[10]

子どもに対する性暴力被害の実態は、体罰に増して注目されず、語られず、沈黙の中に沈んでいますが、その個人、家族、そして社会全体へのダメージは体罰に劣らず多大です。

国際的な研究の場で引用される子どもの性暴力の統計数値によれば、３～４人に１人の女子[11]、5～6人に1人の男子に起きています。男子は女子に比べてはるかに多く家庭の外で性的被害にあうこともわかっています。日本では、18歳未満の女の子の39・4％、男の子の10％が性的被害を受けているといわれています。13歳未満の場合、女の子の15・6％、男の子の5・7％が被害にあっているという調査報告が出ています[12]。

子どもに性暴力をする加害者の約半分近くが、実は同じ子ども・ティーンズであるという統計的事実はあまり注目されていません。子どもへの性加害者の40～60％が18歳以下の男子であることを示す調査が米国ではいくつも報告されています[13]。成人の性犯罪者の50％が最初の加害行動を10代で始めているという調査報告もあります[14]。

1人の性暴力加害者が、その一生で生み出す被害者は平均380人といわれていることを考えるとき、1人の性暴力加害者をその加害行動をし始めたときに回復させることができれば、380人の被害者を生み出すことを予防できるわけです。なんと費用対効果の高い予防策でしょう。

日本では、ティモシー・カーンの開発した性問題行動・性犯罪の治療教育プログラムを藤岡淳子氏が導入し、児童相談所、児童心理治療施設などを中心に実施されています[15]。

性暴力加害からの回復と、暴力被害からの回復のための2冊の子どものための瞑想などソマティックな（身体からの）アプローチのワークブックを2017年に開発しました（「MY TREE ジュニア・くすのきプログラム：性暴力加害ティーンズの回復」〈40ページ、17セッション〉と「MY TREEジュニア・さくらプログラム：暴力被害を受けた子どもの回復」〈28ページ、11セッション〉）。[16]

2001年に開発して以来日本各地で児童相談所などの主催で実施を広げてきたMY TREE ペアレンツ・プログラムと同じように「エンパワメントと人権」を方法論の基盤にして、瞑想とソマティックなアプローチのプログラムですが、グループではなく1対1でこのカリキュラムをやっていきます。

トラウマにフォーカスした認知行動療法も使いますが、それ以上に、瞑想・マインドフルネスを活用する第3波行動療法をベースにした子どもの暴力被害と性加害行動からの回復プログラムです。日本で実践を積んだ後に、東洋の叡智としての瞑想や、日本の自然の四季への気づきがもたらす人間の回復力を活用するこのプログラムを英語に翻訳し、アメリカでも実施を広げたいと思っています。

子どもの性加害行動が発覚すると職員や教師は、反省文を書かせることが多いようですが、反省文は書かせないでください。反省文を書くことでその子の加害行動が変わることはまずありません。なぜなら「○○さん。ひどいことをしてごめんなさい。◇◇先生、迷惑をかけてすみません。…」と、反省文は他者に向けて書くものだからです。そのために自分の本当の気持ちにふれ、掘り下げることはめったにありません。回復のプログラムでは、自分の本当の気持ちにふれること、すなわち「自分に正直」であることが最も求められます。自分の気持ちに正直に語り、ワークをするのでなければ、内面の変化は起きないのです。反省文を書いてしまうと自分に正直であることができなくなります。

35日間の瞑想（扁桃体トレーニング）訓練、木を見る瞑想、チェーンアナリシス（連鎖行動分析）、本を読む宿題、怒りの仮面マインドマップづくり、性暴力行動サイクル、勇者のストーリーづくりなど、一生使っていけるいくつものツールを学んでいきます。特に性加害の〈くすのきプログラム〉では、「怒りの仮面のワークシート」が活躍します。

施設の中で年下の子に性加害をした10歳の女子は、「そのとき、怒りの仮面の裏の気持ちはなんだった?」と仮面の図を見せながらの私の質問に、「悔しさ」と答えました。

森田　何があったから悔しい気持ちになったのかな?

子ども　自分より小さい子が、自分にはできないことをひけらかしていたので、悔しくて、腹が立った。

その子が年下の子どもたちに支配的な関係をつくりたがる傾向は生活の中でしばしば見られた行動でしたが、性問題においても加害行動の根には支配欲求があったのです。

「怒りの仮面」の図を使いながら、仮面の裏の気持ちや過去の心の傷つき体験がもたらした感情を言語化し、それを感じることは、回復の重要なポイントです。

心の傷つき体験がもたらした仮面の裏側の感情と認知にていねいに向き合っていくことから、性的加害行動からの回復が可能となります。

11歳の男子は、同室の子のパンツを下ろして性器にさわろうとしたところを職員に見つかり止められました。その子は私が施設で教えているヨーガクラスの生徒で、18回ヨーガクラスの最初にする「気持ちのワークショップ」の中で、継父から体罰を受けていたことを絵にしました。A3判サイズの画用紙いっぱいに、膨れ上がった腕の巨大な男がナイフを持って仁王立ちしています。その画用紙の隅のほうに豆粒のように小さな子が、「ごめんなさい。だって…」と言って泣いている絵でした。

「これはどんな気持ちを描いたの?」と聞くと、「毎日殴られていた」と言いました。実際にはナイフを持ち出したわけではなかったのですが、その子には、体罰をする父親の異様に肥大した手は、ナイフを持っているかのように怖かったのです。彼が施設に来たのは2年前でした。2年以上ものあいだ、彼は、その恐怖を誰にも言わずに、自分の中に押し込めてきたのでした。**(気持ちの絵10／59ページ)**

彼は1対1でする「くすのきプログラム」の回復セラピーの中で、継父からの体罰だけでなく、性暴力被害についても語り始めました。

継父から性的虐待を受けていたことは、男子は今まで誰にも話したことがなかったのですが、施設の職員が私の主催する研修でチェーンアナリシス(連鎖行動分析)を学んだその日の内にこのツールを使って彼に話を聞く中で引き出せたことでした。研修で学んだことを即座に現場で使ってみごとな結果を出すこの施設職員の実践能力には感嘆しました。

彼は「35日間のめいそう(へんとうたいトレーニング)シート」を使って施設職員に声をかけてもらい、毎日5分間の瞑想を欠かさず続けたことで、瞑想効果は驚くほど大きく、以前のような多動行動は激減し、学校のテストの点まで上がっていきました。

瞑想が脳トレーニングであるより、何やらあやしい宗教だとの偏見を持つティーンもいるので、最初は人気マンがの「ドラゴンボールZ元気玉瞑想」と「となりのトトロ瞑想」を使って瞑想に親和感を持ってもらいます。

カラーで見せることができないのが残念ですが、左の絵は、プログラム第1回目と最終回に描いた修了生の木の絵です。最終回の絵を描いて見せてくれたとき、第1回目の絵を取り出して見せました。

「あの頃はどうでもよかったな」とひと言、彼の言葉でした。

第１回で描いた木の絵

最終回で描いた木の絵

注

1 水木しげる『水木しげるのラバウル戦記』筑摩書房、1994年（ちくま文庫、1997年）

2 山本七平『私の中の日本軍』文藝春秋、1975年

3 森田ゆり『虐待・親にもケアを――生きる力をとりもどすMY TREEプログラム』築地書館、2018年

4 作・森田ゆり、絵・たくさんの子どもたち『気持ちの本』童話館出版、2003年

5 森田ゆり『新・子どもの虐待――生きる力が侵されるとき』岩波ブックレット№625、2004年

6 松本俊彦『自傷・自殺する子どもたち』合同出版、2014年

7 Hollander, *Michael's lecture The 3rd wave behavior therapy III: the assessment and treatment of teens who self injure*, on April 7, 2018.（エンパワメント・センター研修資料）

8 森田ゆり『ドメスティック・バイオレンス――愛が暴力に変わるとき』小学館、2001年（小学館文庫、2007年）

9 作・森田ゆり、絵・たくさんの子どもたち『気持ちの本』童話館出版、2003年

10 森田ゆり『子どもへの性的虐待』岩波新書、2008年、32～34頁

11 森田ゆり編著『沈黙をやぶって――子ども時代に性暴力を受けた女性たちの証言＋心を癒す教本』築地書館、1992年、7頁

12 Diana E.H. Russell, *The Secret Trauma：Incest In The Lives Of Girls And Women*, Basic Books, New York,1986.

13 David Finkelhor, *A Sourcebook on Child Sexual Abuse*, SAGE Publications, Inc, 1986.

日本初の大規模調査、日本性科学情報センター「『子どもと家族の心と健康』調査報告書」1999年

14 森田ゆり『子どもへの性的虐待』岩波新書、2008年、60頁

15 ティモシー・J・カーン『回復への道のり 親ガイド――性問題行動のある子どもをもつ親のために（性問題行動・性犯罪の治療教育1）』藤岡淳子監訳、誠信書房、2009年

ティモシー・J・カーン『回復への道のり パスウェイズ――性問題行動のある思春期少年少女のために（性問題行動・性犯罪の治療教育2）』藤岡淳子監訳、誠信書房、2009年

ティモシー・J・カーン『回復への道のり ロードマップ――性問題行動のある児童および性問題行動のある知的障害をもつ少年少女のために（性問題行動・性犯罪の治療教育3）』藤岡淳子監訳、誠信書房、2009年

16

「ＭＹ ＴＲＥＥ ジュニア・プログラム」のワークブックは、現時点では、３日間の「ＭＹ ＴＲＥＥ ジュニア・プログラム」実践者養成講座の受講者にしか頒布していません。養成講座の詳細は、森田ゆり主宰エンパワメント・センターの公式ウェブサイトへ。 http://empowerment-center.net/

3

体罰とファシズム

——ヒトラーの場合

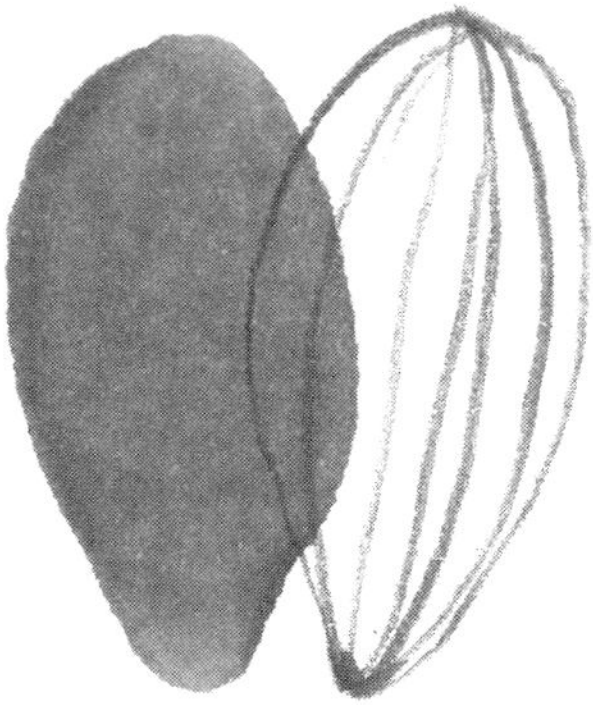

ヒトラーに惹《ひ》かれる少年たち――2つのタイプ

米国コロラド州コロンバインの高校で1999年5月に起きた銃乱射事件は、その後米国で今日に至るまで続いている10代の少年による学校での乱射事件のはしりとなりました。16歳の男子生徒2人は、13人の生徒・教師を射殺したうえで、自分たちも撃ち自殺しました。2人が何か月もかけて周到に準備した死の大イベントに選んだその日は、ヒトラーの誕生日でした。

1997年の神戸連続児童殺傷事件を起こした当時14歳の少年も、ヒトラーの自伝を読みナチスの鉤《かぎ》十字に思い入れをしていました。

思春期の少年たちの暴力事件の背後に、しばしばヒトラーの影がともなうのは米国や日本だけでなく世界的に見られる傾向です。特に目新しい傾向であるわけでもなく、西欧諸国の若者たちが起こす人種差別的襲撃事件には、ヒトラーやナチスへの信奉が見られることは珍しいことではありません。

なぜヒトラーに惹かれる少年たちがいるのでしょう。神戸連続児童殺傷事件が起きたとき、わが家の食卓でこのことが話題に上がり、当時神戸の高校に通っていた17歳の息子が「2つのタイプがあるんだよ」と言いました。彼の考えによると、ひとつのタイプはおとな社会への反抗表現という単なる風俗として。ヒトラーやナチスは究極の「悪」のシンボルとして広く理解されているから、社会の秩序や道徳観への嫌悪や疎外感や反発の感情を表現するのに手っ取り早いし、それを使えばおとなたちは驚いたり恐れたりするので、それなりのインパクトがある。暴力や悪魔性を賛美するメタルロック音楽やミュージックビデオなどと同じようにヒトラーを風俗として取り入れている一過性のものだ。彼らの中には、まわりのみんなに同調するのを拒否して独自の感性を掘り下げているおもしろい人間もいる、と言うのです。

もうひとつのタイプは、本気でヒトラーの独裁政治や優生思想や人種的排他主義を信奉しているやつらで、そうやたらにいるわけではない。たいてい彼らにはそのような考えを吹聴している先輩やら年長のメンターがいる。彼らはグループで人種差別や同性愛嫌悪（ホモフォビア）の対象を見つけていやがらせをしたり暴力を振るったりする。

これは、米国と日本の両方で中学高校生活を送った経験からの息子の観察ですが、同世代からの現状認識としてそれなりの考察の枠組みを与えてくれます。ちなみに彼が通った米国の学校は人種混合率が高いこと、犯罪率が高いこと、市の教育予算の低さで知られているカリフォルニア州オークランド市の公立中学と私立高校でした。

息子の言う一過性の風俗としてのヒトラーはさておき、本気でヒトラーを信奉する少年たちと彼らの暴力への憧憬《しょうけい》をもう少していねいに検討してみましょう。

シンボルの威力

「わたしの教育は厳しい。弱い者は叩き潰さねばならぬ。私の主宰する砦からは世を驚嘆させる若者が巣立つであろう。力をふるい、世を支配し、物に動ぜず、無情な若者こそ私の求めるものである。若者はそういうものであらねばならぬ。痛みに耐えるものでなければ、弱々しいところ女々しいところがあってはならないのだ。何よりも彼らの目が再び自由で輝かしい猛獣の光りを帯びるようにならねばならぬ。私の若者たちは強くそして美しくなければならないのだ。[1]」

このようなヒトラーの檄文《げき》がある層の少年たちを感動させるのは、おそらくその美意識のゆえにでしょう。人を支配し、物に動ぜず、痛みに耐える男の無情な横顔は強く美しいのだと。ヒトラーというカリスマは、人が思想や信条や主義に傾倒するのはその理論や主張の正当性によってではなく、美意識によることを実によく知っていたようです。彼の展開したさまざまな大衆の心理操作の宣伝と扇動術には、ことごとくこの無情な男の強いイメージが投影され、象徴化されていました。

その大衆扇動の基本的なイメージは、特異なナチスの制服、「ハイル・ヒトラー」と右手を斜めに挙げ続ける敬礼、膨大な数と大きさとで人々を圧倒する行進と集会、大がかりなスポーツ祭典の挙行等々、いずれにも見ることができます。そのどれよりも強烈にヒトラーの美意識が大衆に刻印されたのは、ナチスのシンボルの鉤十字（ハーケン・クロイツ）だったのではないでしょうか。

ヒトラーは鉤十字シンボルを驚くほどに多用乱発しました。当時の写真を見ると、たとえ小さな集会でも鉤十字の旗が何十本と林立し、ナチス党員はことごとく鉤十字の腕章をし、何しろ鉤十字で埋め尽くされた写真ばかりです。人の感情を深いところで揺さぶる真っ赤な下地に白い円、その円の中に配置された黒の鉤十字。腕章、旗、建物や戦闘機へのこのシンボルの刻印は言うまでもなく、日常品に至るまで人々の視線の行くあらゆるところに鉤十字のマークが配されました。

鉤十字はアジア、アフリカ、ヨーロッパ、世界の多くの文化に古くから見られるシンボルですが、ヒトラーは古代アーリア人種の記号だと主張し、自らデザインしてナチスの紋章にしました。アーリア人種の強さと美しさの優生思想、その美を汚す異人種とりわけユダヤ民族への嫌悪と憎悪、強大な権力による暴力の正当化、こうしたヒトラーの説く過激な言葉は、あらゆるところに表示された鉤十字のシンボルの視覚イメージと同一化して大衆の心に浸透していきました。

ドイツ・オーストリアの精神分析家のヴィルヘルム・ライヒはこのシンボルが人々の性的抑圧を象徴していることをすでに1930年代に指摘していました。鉤十字は2人の人間の身体のからみ合いの図で、それは無意識レベルで人々の性的不安を刺激し官能にふれる魅惑と情熱とを誘うのだと。[2] ヒトラーがそのようなことを認知していたとは思えませんが、画家でありグラフィックデザイナーだったヒトラーの美的直感は、鉤十字シンボルが大衆に与える無意識の影響を見抜いていたにちがいありません。曲線のない図形の硬直性、余分な装飾のない簡潔さ、誰でもが容易に模写できるその図形のシンプルさ、情動を揺さぶる赤地に染め抜いた白の中に刻印された黒く太い鉤十字。それは平静な心には血が出る引っかき傷を負わせられそうな胸騒ぎを与え、怒りや憎しみを隠し持っている心には抑圧された怒りを噴出させよと煽《あお》り立てます。

欧米の公衆トイレや学校のトイレには頻繁に鉤十字の落書きがしてあります。そのそばにはたいてい「殺せ！」「強姦せよ！」といった暴力的な言葉や人種差別言辞が書かれています。トイレの密室でひとり鉤十字を彫る少年の、それは表現を許されなかった怒りや悔しさや悲しみの嘔吐のようなものです。嘔吐は醜いものなのに、ヒトラーの鉤十字はそれを「無情な男の強い」美しさだと錯覚させてくれる媒体なのです。鉤十字シンボルはナチスの崩壊後も今日に至るまで、若者たちの抑圧された怒りと憎しみ、権力と暴力への密かな憧憬を表現する手段として生き続けています。

子ども時代の屈辱と喪失――体罰を受けて育ったヒトラー

眉間に皺《しわ》を寄せ、口元を固く結び、どこを見るとでもなくにらみつけるあのヒトラーの顔に現代の少年たちが見出す魅惑は、彼らの憧れてやまない強い権力だけではありません。その顔の裏奥深くに隠されている手ひどく傷つけられた子どもの感受性と、踏みにじられた自尊感情と奪われた他者への信頼を、少年たちは同類の者どうしのみが嗅ぎわけることのできる臭覚で感じているのでしょう。

数百万人を死に至らしめたヒトラーの暴力性の由来を、彼が子ども時代に受けた体罰体験から論じたのはスイスの元精神分析家アリス・ミラーでした。[3]

高級税関史だったヒトラーの父親がしばしば体罰をする厳格な父親であったこと、酒を飲んで帰宅すると発作を起こして暴れたことは、以前からヒトラー研究家たちのあいだでは実証されていました。またヒトラー自身も著書『わが闘争』の中にそれをほのめかす文を残しています。しかし、父親から受けた体罰がその後のヒトラーにどのような影響を与えたかを論究したのは、ミラーが初めてでした。

「両親によって傷つけられ辱められながら、しかしその、自分を傷つけ辱める者を敬い愛さねばならず、自分の受けた痛みをどのようなことがあっても表に出してはならないという命令に服さねばならない子どもの内部では一体何が起こるでしょうか。[4]」

親や身近なおとなから殴られたり、信頼を裏切られたりする体験が日常的にくり返されるとき、子どもは助けを求める声をあげることもできず、声をあげても助けてくれる人もいない。母親も父親の暴力には口をはさもうとはしない。このような状況から子どもが学ぶことは「絶望」という現実認識です。

絶望とは、「人間不信」の別名にほかなりません。人は信じることができないという人間観、外界は常に自分を拒絶するという世界観に支配されてしまうことが絶望です。絶望の中で子どもができることは、自分が悪いからこのような目にあうのだと自分を納得させ、感情を鈍磨させて何も感じないようにし、苦痛を意識下に押し込めて忘れようとすることだけです。

ヒトラーもこのような子ども時代の過酷な不条理を生きなければなりませんでした。まさに反復強迫となって表出されざるをえない外傷体験を負っていたのだと、アリス・ミラーは指摘しました。どれほどの高いボルテージの不快感情が出口を見つけられずに彼の身体の内に蓄積され続けたかは想像に難くありません。

「幼い子どもというのは、どれほどひどい仕打ちを受けてもそれを忘れることが可能ですし、自分にそんな仕打ちをした人を理想化することもできるのです。ところがその子の成長後のふるまいを見れば、幼い時期に受けた迫害はどこかに蓄積されていたのだということとがはっきりわかってしまいます。今やかつて子ども時代に受けた仕打ちは、観客たちの目の前で、驚くほど詳細にわたって展開されていくのですが、ただその現われ方は昔とは全然違います。すなわち、かつての迫害される子どもは、今や迫害するものとして登場するのです。[5]」

ヒトラーの子ども時代の屈辱。にもかかわらずその加害者である父親には決して向けることのできなかった怒りと深い憎しみは、ユダヤ人という憎悪の対象を見つけたときに一気に解放され堰《せき》を切ってほとばしり出たのでした。その子ども時代の未解決の暗いエネルギーは、アーリア人種の繁栄と保存というイデオロギーの装いをまとうと、さらに激流となって尽きることなくあふれ出しました。

ミラーは、ヒトラーを熱狂的に支持したドイツ国民の心理も同じ視点から論じました。体罰がしつけの当然の方法としてあたりまえに使われていた時代です。つまり、彼らもまたおとなたちから体罰という屈辱的暴力を受け、しかし、抗議することも、恨むことも、不当だと思うこともできなかった子どもたちだったのです。ヒトラーは、表現を許されないために彼らがひそかに隠し続けてきた憎しみと怒りを表出する対象を提供してくれました。子ども時代に受けたあの絶望と不条理のすべての責任を誰かが一手に引き受けてくれるのなら、それはどんなにすばらしい解放感を与えてくれることでしょう。

ヒトラーによって、ドイツ国民は子ども時代の絶望と喪失のすべてを合法的にユダヤ人に負わせることができるようになったのだ、とミラーは論じました。親に向けることのできなかった怒り、きょうだいに向けることのできなかったねたみ、誰にぶつけてよいかわからなかった自分のみじめな環境への怒り、そのすべてを思う存分ユダヤ人にぶつけなさいと、ヒトラーは語りかけてくれた父でした。大衆がヒトラーの言葉に陶酔し熱狂しないわけがなかったのです。

「ヒットラーは無意識の反復強迫によって、自分の家庭で受けた精神的外傷を全ドイツ国民に転嫁することに成功したのです。[6]」

ヒトラーに憧れる現代の少年たちも彼らの未解決の怒りと悲しみの心的外傷をヒトラーの暴力と憎悪のシンボルに託しているのではないでしょうか。なぜなら少年たちの暴力性の背後にはいつも被害体験があるからです。

暴力を振るう人は、自分の心の力を奪われてきた者たちです。殴られる、無視されるなど体罰をはじめとする身体的、心理的な暴力を受け続けた子どもは、一様にこの力を奪われています。人間が健康な心を持つためには、まわりからありのままの自分を尊重されて育つ体験が不可欠です。この体験で得られるのが自己尊重という心の力。この力ゆえに人は外からの攻撃や抑圧や扇動に対して自分を守ることができるのです。しかし、暴力を受け続けると、人は自分を無価値だと思い込み自己尊重感を失ってしまう。その心を奪われた人は、自分をいじめ傷つけるか、あるいは他者を傷つけ攻撃することで他者から力を奪おうとするのです。

暴力への衝動

子どもの虐待に関する私の本を読んだ人から、いつもたくさんの手紙をもらいます。その多くは「今まで誰にも言ったことがないのですが…」という言葉に続いて、自分の受けた虐待体験を克明に綴っています。あるひとりの男性からの手紙もまた、子ども時代に受けた苦痛のさまざまを記述してありました。そして、彼の手紙は次のような一文で終わっていました。

「大きな犯罪を犯して人々の注目を浴びたい。たくさんの人を殺してから自分も自殺する。

私の存在証明は、そうすることでしか示すことができないのです。」

このような思いを私という特定の対象に向かって綴ったことで、この人はその分だけ、暴力への衝動を実行に移す可能性を減らしたのだと願いたいです。

いじめという暴力もまた、同じような心理構造を持っています。いじめの加害者からのこんな証言があります。いずれも筆者が阪神圏の中学生に体罰に関しての聞き取りをしたときの証言です。

「父は私には体罰、母には暴言暴力。家にいるのがいやでならない。だから外で弱そうな子をいじめて、せせら笑うんだ。そういうとき、自分が強くなった気がする。」

「いじめるのって、けっこうエネルギーいる。ドキドキ、ハラハラする。だからいじめてないときは、退屈すぎ。」

「(腕の自傷の傷跡を見せてから)私はね、人をいじめたくなるときには自分を切るの。えらいでしょ。お母さんが人に迷惑かけるなって言うからね。母の教えを守っているわけ。私が小さい頃は、お母さん、すぐにキレて私を叩いていた。迷惑いっぱいこうむったよ。」

体罰やネグレクトなど虐待の形はとらなくとも、幼児の頃から親の過度な期待を負わせられ続けた子どもたちも、自分の価値を認めることができずに、自分の弱さを嫌悪し、自分を憎み、自分の心身をいじめ、ときにはそれは他者へのいじめと攻撃になります。

私が相談を受けた10歳の少年は母親の大きな期待を背負って名門小学校に進学し、親の期待に懸命に添おうとするいい子の役割を果たしてきました。しかし、その重荷が耐えられなくなったとき、彼は妹を母親の前でいじめることで、期待される役割から降りようとしていました。母親はそのことに気がつけず、息子の変貌にうろたえるばかりでした。妹に暴力を振るう少年は同時に、妹がほかの子どもからいじめられたときはやさしくかばってあげる子でもありました。

ファシズムを支えた大衆心理

ヒトラーの『わが闘争』を読むと、そこには彼の大衆卑下と女性蔑視があからさまに散りばめられていることがわかります。

「大衆の心理はすべて中途半端なもの、軟弱なものを嫌う。女性のようなものだ。彼女たちの判断は理性に依るのではなく、自分に欠けている力を持つ者への感情的な憧れによって決定される。だから大衆は自分に頭を下げる弱い者より、支配者を好む。弱い者を自分が支配するより、自分が強い者によって支配されることを選ぶ。自由主義思想などを与えられてもそれをどうしたらいいかわからないから、ひとつの決められた教えを守るほうが、彼らにとっては内的な安定を得ることができるのだ。自分たちの精神が力で支配されていることなど大衆は気がつかないし、自分の人間としての自由さえ踏みにじられているにもかかわらず、それにも気がつかない。その教えそのものの内容が狂っているなどとは夢にも思わない。彼らが望むのは単純にして明快な目的を持った教えと、情け容赦なくそれを実現する力の誇示である。大衆とはそのようなものにまいってしまうものだ。」[7]

『わが闘争』の中には、この一文のようにヒトラーの手の内を見せてしまっているかのようなファシズムを支える大衆心理の解明がこのほかにもたくさんあります。にもかかわらず、この本を聖書のように各家庭に1冊は置かせるように彼が指示したのが不思議に思えなくもありません。しかし一説によれば、ヒトラーにとって重要なことは『わが闘争』を全ドイツ国民に持たせるということだけだったと言います。つまり、彼は大衆がたとえこの本を読んだとしても大した影響力がないことを知っていたのです。大衆に影響を与えるのは文字や知識ではなく、感情に訴えかける生の演説や視覚に訴えるシンボルであると見抜いていたからなのでしょう。『わが闘争』は大衆が読んでヒトラーの考えの正誤を判断するためのものではなく、鉤十字の紋章と同じようにシンボルとして各家庭においてあればよいものだったのでしょう。活字を通しての理論よりもシンボルとしての意匠のほうが、はるかに大きな影響力を持つことをヒトラーは知っていたのにちがいありません。

引用したヒトラーの大衆心理の説明は、子ども時代の外傷体験によって自尊の心を踏みにじられたままの人々の心理とよく似ています。暴力被害のトラウマからの回復の機会がなかった場合、彼らはしばしば奪われた自尊という生きる力の穴埋めとして強い力の支配に憧れます。自分の価値を傷つけられ自分自身をいつも否定しなければならなかった彼らは自分で考え自分で選ぶ自由に慣れていません。暴力を受けることで他人から支配されてきた彼ら、暴力の恐怖の中で無力化されてきた彼らにとっては、自由などという悩ましいものが与えられるよりは、ひとつの決められた教えに従うほうがずっと痛みを感じないですむのです。

一方で、子ども時代の暴力の被害体験からの回復に取り組んでいるサバイバーたちは、そのようなネガティブな刻印をポジティブな力へと転換させるための血のにじむような孤独な努力を続けてきた人たちにほかなりません。

その人たちの回復に伴走することを仕事としてきた私は、彼らをかつて敬意を込めて、「一人の修羅」と呼びました。[8]

ああかがやきの四月の底を
はぎしり燃えてゆききする
おれはひとりの修羅なのだ

『沈黙をやぶって』という性暴力サバイバーに向けた私の編著書の中で、宮沢賢治の詩を引用して、流れに任せて生きるのではなく、自分で感じて、自分で考えて、自分で行動することを選んでいく彼らのレジリアンス・力強さを讃えました。

2章で紹介した「MY TREE ジュニア・プログラム」(性暴力加害ティーンの回復と暴力被害を受けた子どもの回復プログラム)では、サバイバーという言葉は使いません。「修羅」も使いません。代わりに「勇者《ゆうしゃ》」と呼びます。

「暴力を受けたことを思い出し、それを語ることはとても勇気のいることでした。このワークブックを使ってそれをしてきたあなたは勇者です。性暴力を振るったことを思い出し、それを語ることはさらに勇気のいることでしたね。それを今終えたあなたは勇者です。」

「MY TREEプログラムでは、次のような人を勇者《ゆうしゃ》と呼びます。

〈勇者《ゆうしゃ》の3条件《じょうけん》〉

・助けを求《もと》める人　　自分《じぶん》一人で何もかもかいけつしようとしない人
　　勇者《ゆうしゃ》はわりと、こわがりです。

・自分《じぶん》の本当《ほんとう》の気持《きも》ち（こわいとか不安《ふあん》）を正直《しょうじき》に言葉にして人に伝《つた》えられる人

・他人《たにん》のくるしみ、よろこび、かなしみを感《かん》じることのできる人」[9]

以上を確認したうえで、最後に、「あなたの勇者のストーリーを書きましょう。」をします。ヒトラーやスーパーマンのようなヒーローがあなたを救ってくれるのではなく、あなたがあなたを救うヒーローです。女の子でも勇者のストーリーは、ヒロインではなくヒーローのストーリーです。

＊この章は、森田ゆり『子どもと暴力――子どもたちと語るために』（岩波書店、1999年／岩波現代文庫、2011年）の9章「ヒトラーに惹かれる少年たち」に大幅に加筆したものです。

注

1 アドルフ・ヒトラーの言葉。ヘルマン・ラウシュニング『永遠なるヒトラー』船戸満之訳、天声出版、1968年

2 ヴィルヘルム・ライヒ『ファシズムの大衆心理 上』平田武靖訳、せりか書房、1970年

3 A・ミラー『魂の殺人』山下公子訳、新曜社、1983年／原書刊1980年

4 前掲書

5 前掲書

6 前掲書

7 アドルフ・ヒトラー『わが闘争 下』平野一朗・将積茂訳、角川文庫、1973年

8 森田ゆり編著『沈黙をやぶって――子ども時代に性暴力を受けた女性たちの証言＋心を癒す教本』

築地書館、１９９２年

9

森田ゆり「ＭＹ ＴＲＥＥジュニア・くすのきプログラム――性暴力加害の子どもとティーンの回復」ふりがな付きワークブック、エンパワメント・センター、２０１８年

4

ジェンダーと大量殺人

――宅間守の場合

大阪教育大学附属池田小学校襲撃事件

２００1年6月8日午前10時頃、１人の男が包丁2本を持って大阪教育大学附属池田小学校に侵入し、小学1~2年生を次々と襲い、８人の子どもを刺し殺し、その他の子どもと職員15人に重軽症を負わせました。この男もまた、他者攻撃をくり返すことで子ども時代の屈辱と悲しみから逃げ続けた人でした。私はこの男、宅間守の背後に、ジェンダーと暴力の影を見て、それを明らかにしたいと、彼の公判に通いました。

当初、マスメディアはこの事件を「精神障害者と犯罪」という枠組みでしきりに取り上げました。宅間被告が精神科に入退院をくり返していたとか、措置入院になっていたなどの報道を何度も目にすることで、人々はいやでも犯罪と精神障害者を結びつけてしまいました。この間の報道は、精神障害者は犯罪を犯しやすいとの偏見を確実に広げました。事件の報道の仕方故に、いったいどれだけの精神障害者とその家族が苦しんだことでしょう。自殺をするまで追いつめられた精神障害者もいました。精神病院入院が必要もないのに延長された人もいました。

精神障害者が犯罪を起こす率は低いのです。検挙された一般刑法犯に占める精神障害者の比率は1・5％です。[1]収入や学歴が低いと犯罪を起こしやすいかと言えば、そんなことはありません。外国人の犯罪率が高いというのも、もちろん誤解です。犯罪者がどんな人なのかを特定することは統計的にも困難なのです。犯罪者のプロファイルの唯一の特徴的なことは、それが男性だということです。犯罪者は男性が圧倒的に多いことを、人は半ば当然のことのように知っています。新聞やテレビで報道される殺人、強盗、詐欺、窃盗の多くの容疑者は男性です。統計を見ると、その事実はいっそう明らかになります。刑法犯検挙人員の女性の割合は、1975（昭和50）年以降は、ずっと全体の2割前後となっています。[2]

宅間に関して「精神障害者」と「犯罪」を結びつけて報道することは、精神障害者にとってはまったくもって迷惑きわまりないことでした。「触法精神障害者」などという言葉まで登場しました。では、この「精神障害者」の言葉を「男性」と置き換えたらどうでしょう。

「男性は犯罪を犯しやすい」「触法男性」「男性と犯罪」

男性読者はあまりいい気分ではないはずです。憤慨する人もいるでしょう。自分と宅間を一緒にされてはたまらん、女性だって犯罪を犯すじゃないか、男性への侮辱だと。

精神障害者たちも同じように感じたにちがいありません。それも男性と犯罪の関連は統計上も明らかなことなのに、精神障害者と犯罪の関連は、統計上も言えないことなのです。

その後の精神鑑定で、宅間は精神障害者ではないと診断されました。事件が起こる以前に宅間を診察し精神分裂症（２００２年に「統合失調症」と名称変更）と診断していた医師たちは、その後の供述の中で、精神分裂病症状は見られなかったので、人格障害と診断したほうがよかったが、「人格障害では投薬を施しても、診療報酬を請求できない」「同じ病院の医師が全く違う診断をするわけにはいかない」などの理由から、警察には精神分裂病と回答していました。[3] また、宅間は公判の陳述で、精神病院への入院が警察の逮捕を逃れるための狂言であったことなどを明らかにしました。

池田小事件から15年後、２０１６年7月に、神奈川県相模原市の障害者施設で45人が殺傷されるという戦後最大の殺傷事件が起きました。そのときも、加害者が精神病院に措置入院していたことから、精神障害者と犯罪という枠組みでの報道が相次ぎました。しかし、加害者、植松聖は精神障害者ではなく、優生思想の持ち主で、重度の障害者は国家にとって負担の存在でしかないとの自分の考えと、「一億総活躍社会」などのスローガンを掲げて、国民を国家の生産性追求の労働力としてしか見なさないかのような現政権の考え方に親和性を見出した人でした。植松は国の立法府と行政府の長が自分の優生思想に理解を示してくれると信じて、まるで総大将たちに進言する一兵卒のように、重度障害者の抹殺計画を自筆で事細かに書きしたためて、注進状を手渡しに行き、議長公邸と自民党本部前に座り込んだのでした。そしてその計画通りに実行しました。

ジェンダーと暴力

宅間守についての最初の新聞報道を読んだとき、まず「ジェンダーと犯罪」という言葉が私の意識に浮かびました。刺し殺した子ども8人のうち7人までが少女だったこと、さらに彼が妻たちに暴力を振るうドメスティック・バイオレンス（DV）の加害者であること、池田小学校事件の動機として、暴力を振るいストーカー行為をし続けた相手である元妻を殺す代わりにやったと証言していたことも、いっそうこの事件の本質は「精神障害者と犯罪」ではなく、「ジェンダーと犯罪」なのだと思わせる要因でした。

前述の犯罪統計を見るまでもなく、男性のほうが暴力を振るいやすいという事実はあたりまえのこととして受け入れられていますが、暴力性の性差に注目した研究を目にすることは少ないです。犯罪学という学問の分野でもジェンダーと犯罪の関連を論ずる研究はアメリカでは1980年代から出始めましたが、包括的な研究はまだこれからの課題です。

暴力における男性の加害性と女性の加害性の異質性と同質性に関する研究がもっとさかんになることを期待します。強さの誇示を男性に要求するジェンダー社会と男性の暴力性の関係、男女の生理的、身体的性差と男性の攻撃行動の関連の研究など、学問の分野で言えば、犯罪学をはじめ、生物学、脳神経学、心理学、社会学、歴史学、人類学、教育学、戦争心理学などさまざまな分野からの学際的研究が試みられ、実践分野からのデータの集積も必要です。

「ジェンダーと暴力」の関係を解明する私の研究課題にとって、宅間守の公判は貴重なケースでした。事件から1年後に開かれた、弁護側の被告人質問は、被告の情状酌量を得るためではなく、真実を可能な限り明らかにするという異例の方針でなされました。被告人は情状酌量を望んでいないので、ありのままの自分の心情をかなり正直に語っています。そのため、子ども時代から犯行に至るまでの被告の経験や内面を知りたかった私にとって、この公判は二度とないかもしれない稀有《けう》な機会でした。

公判を追う中で、具体的には次のような事柄を明らかにしようとしました。

①宅間被告の女性蔑視は、どのような実態を持つものだったのか。

②何人もの元妻や母親、その他の女性に対してふるっていた暴力行為の心理的背景に、彼の女性観や男らしさ意識はどのように影響していたのか。

③池田小学校で、意図的に女子をねらったのか。そうだとしたらそれはなぜか。

④女性への蔑視は、誰から学んだのか。

⑤彼の共感能力は、生育歴の中でどのように失われていったのか。

⑥彼の内に刷り込まれた男らしさ意識や肥大した万能感とその裏返しとしての劣等感は、彼の攻撃行動にどう影響していたのか。

⑦自分の人生が思うようにいかず死にたいと思った彼が、その死への願望を大量殺人として表出したことに、数の多さを手柄のようにこだわる男性ジェンダーの影響があったのではないか。

根深い女性への蔑視

2002年6月27日第10回公判の被告人質問への返答で、宅間被告は、聞いている者が戦慄《せんりつ》するほどに根深い女性蔑視を何度も口にしました。

＊以下、森田ゆり「ジェンダーと暴力・宅間守公判傍聴記録」より

弁護士　高校を退学したのはなぜ？

被告　女を襲ったりとか、リスクあること、刑事事件になることをくり返し平然とやっていたから。

被告　むしゃくしゃすると、女を襲ったり、雑誌で見た電話番号で呼び出して草むらで犯して、発散させて、ごまかしながら生きてきた。女を襲うことで、自分自身が思うように行かないことの鬱憤晴らしをしていた。

被告　生理的にやることばっかり考えていた。（つきあう）プロセスはめんどくさい。女

と映画見に行ったりと回りくどいことするのがじゃまくさかった。生理的に結合することばかり考えていた。だから1回限りばかりだった。

弁護士　高校で好きな人とかいませんでしたか？

被告　いました。でも映画見に行くとかはじゃまくさい。生理的にやることばかり。

弁護士　運送業をやめた後、不動産屋の営業マンになった。あなたは、家賃を滞納している女性の家に、家賃を取り立てに行った。そこで強姦事件を起こした。〈1984年〈昭和59年〉〉その不動産屋の社長が、あなたが起こした強姦事件の慰謝料を払えと言ってきた。その事件ではいくら要求された？

被告　相手の女がたちが悪く、右翼を中に入れ、200～300万円はらえとゆうてきた。向こうがパンツを破ったとか嘘《うそ》を言うてきて、10のうち1、2しかやっていない。ちょっとしつこかったかなと思ってはいるがあれを強姦とは言えない。刑務所へ入るようなことじゃない。向こうが嘘をつくので、こっちも嘘ついてやれと、合意の上でだと嘘をついた。弁護士にも嘘を言った。裁判所がこっちの言い分を聞いてくれんかった。それで実刑3年を受けた。

弁護士　その後、天神川の精神病院に入院したのは、精神的におかしくなったからですか。

被告　そんなことになって、慰謝料は払いたくないし、警察に捕まりたくないしで、精神病院に逃げ込んだ。母親は、精神病院に行ったら本当に気ちがいにさせられてしまうからやめておけと言った。母親に自分が暴力を振るったように演技させて、閉鎖病棟に入れられた。

弁護士　１９９４（平成６）年に２番目の妻と離婚。その後別の強姦事件で告訴され逮捕されますね。結果は不起訴だった。

被告　５万円という約束の援助交際でホテルに行った。しゃくれあごのブスの女だったから、５万円も払いたくなくなった。金を払わなかっただけなのに、強姦にさせられた。金をやると言ってやらなかっただけのことで契約不履行なだけなのに、警察は女のウソをうのみにして信じた。１００万円で示談にした。金をはらったのは、このときは公務員（伊丹市職員）だったので職を失いたくなかったから。

弁護士　自分は悪いことしたとか思いましたか？

被告　自分が悪いとは思わなかった。

弁護士　テレクラ遊びでお金払わなかったことは何回もあるのか。
被告　はい、あります。平成4（1992）年から13年の間に30～50回ぐらい。そのうち告訴になったのは1回だけ。学んだことは、告訴されんように5千円か1万円ぐらい渡しておかないかんなと思った。
弁護士　あなたの人生であなたにとって大切な人は誰ですか？
被告　3番目の妻、坂本さん（養子縁組をした後、離縁された高齢女性）、2番目の妻。
弁護士　なぜ、その人たちが大切ですか？
被告　自分と結婚してくれた。生理的処理。
弁護士　もう少し詳しく。
被告　食べ物をつくってくれる。身の回りの世話をしてくれる。性的な処理をさせてくれる。
弁護士　普通は、自分を受け入れてくれる人だからとか、尊敬できる人だから、とかなんだが。
被告　そういうことは考えなかった。

6時間に及ぶ被告人質問の答弁に耳をすましていることは苦痛でした。自分の人生がうまくいかなかったことをことごとくを自分以外の誰かのせいだと思い込んでいるふてぶてしさにつきあい続けることに耐え難くなったからです。私たち一般傍聴人にとってすら苦痛だったのですから、前方に座っていた遺族にとっては、おそらく拷問のような時間だったにちがいありません。

第10回公判の後、私は担当弁護士と検事とに手紙を書き、以下3点について質問してほしいと頼みました。

①前回の公判では、宅間容疑者の根深い女性蔑視が何度も言葉となりました。宅間容疑者が、池田小学校で刺し殺した8人の子どもの内7人が女子でした。彼はあの日、意識的に女子を選んで刺したのでしょうか。

②彼は、女性とは、自分の食事を作り、身の回りの世話をする、性的欲求の対象と考えていたようですが、そのような考えは誰から学んだと思うか。

③前回の公判で彼の口から出た韓国朝鮮人、同和地区の人々への強い差別意識は誰から学んだと思うか。

次の第11回公判、2002年7月11日に、弁護側は私が依頼した内容を尋ねてくれました。

弁護士 殺した8人のうち7人が女子だったが、女子を意図して狙ったのか。

被告 意図はないが、心の中にあったかも。こんちきしょうという感じ。子どももいずれおとなの女になる。

弁護士 女性蔑視は父親の影響か。

被告 (答え無し)

弁護士 母親とは?

被告 母が病院から出してくれたら、こんなことにならなかった。(1985〈昭和60〉年に警察から逃れるために精神科に入院したが、閉鎖病棟に入れられ投薬されたので逃げようとして、窓からとびおり重傷を負った。)子どもは3、4歳までが勝負。幼児教育をまともにできんやつ(母)は、こうなるんじゃ。

被告はこう述べ、母親の知性のなさが自分の犯行の原因とでも言いたげでした。

被告 病院から自分を出すための知恵が回らん女。こんな身体になったのは母親のせいだと思って、暴力を振るった。父親が母親を隠した。母親がいなくなると、メシ作ってくれる者がおらん。

面前DVと体罰の中で育つ

第10回公判で彼は、自分の母親は「おとなになっていない。情緒不安定。頭が悪い。ハクチにちかい。知恵が足りない。感情だけで生きている。」と供述しました。

その母に父が暴力を振るうのを見て、彼は育ちました。

被告 父は殴っていた。ずーっとだった。でかい声を張り上げ、怒鳴ったり殴ったり。

弁護士 父から暴力を振るわれると母は？

被告 わかった、わかった…と言って。

弁護士 あまり反抗せずに殴られていたのですか？

被告 はい。

弁護士 それは母に対してだけでしたか？

被告 殴っても警察沙汰にならんような相手を殴る。自分も殴られた。

被告　しょっちゅうではないが、しょうもないことで木刀で頭を殴られる。
弁護士　体罰に対してどう思いましたか？
被告　そのうちやり返してやると思った。寝ている間に刺し殺してやろうかと思った。今思えば、そうしていたら自分の人生も違っていたかもしれない。子どもやから懲役に行かんでもいいいし。
弁護士　父がいなければ別の人生があったということですか？
被告　そうだ。
弁護士　父は武士の出だと誇りに思っていたようだが、あなたも誇りに思っていましたか？
被告　そんな言ったって、どん百姓と結婚したから、武士の血も薄くなっている。
弁護士　あなたが〇〇さんと結婚したとき、鹿児島の武士の出だと言ったそうだが。
被告　あのときは、部落の出やないのかと言われたので、鹿児島の武士と言った。鹿児島には部落がないのを図書館に行って調べた。部落やない証明のために言ったのであって、武士の出だってことを誇りに思ってなどいなかった。百姓のほうが土地持っていて、でっかい家に住んでていい。

暴力の渦巻く家庭に育った宅間は、小学校低学年のときからまわりの子をいじめるようになります。弱いものいじめ、女の子いじめ、動物いじめもあった。中学時代は弱い者を手下にして暴力やいやがらせをくり返しました。こうした攻撃行動の理由を彼は、「むしゃくしゃするとどうしていいかわからなくなり、女を襲ったり、車をパンクさせたりして、ごまかして不快感を発散させる方法を身につけた。」と公判の中で何度も説明しました。

中でも女子への攻撃は一貫していました。小学生の頃は、女子生徒の胸や尻をさわる。いじめや唾吐き。中学では女子の弁当に精液をかける。10代の頃から始まった数知れない女性への暴行、レイプ。元妻たちへの執拗なＤＶ暴力。母を廃人同様にした暴力。女子高校生や空港の「グランドホステス」など女性を攻撃対象にした無差別殺人の想像。そして、殺した子ども8人中7人までが女子だった池田小学校事件。

大量殺人の動機

第11回公判で、彼は、犯行を思い立ったのは、3番目の元妻から離婚され、彼女を殺したかったが、成功率が低いので代わりに大量殺人を考えたと供述しました。彼が最も執着した3番目の妻についての供述にも、被告の女性蔑視はあますところなくうかがえます。

弁護士　○○さん（3番目の元妻）に暴力を振るったきっかけは？

被告　（新婚旅行の際、隣で食事をしていた家族に宅間が言い掛かりをつけたことに関して）彼女がゴチャゴチャ言うから、意見が対立したときは、こっちが正しいんだと思えと言った。

弁護士　3番目の元妻に子どもを希望したか？

被告　はい。

弁護士　なぜ？

被告　（精神病棟から飛び降り脱出をして）大怪我をして、顔に傷が残り、足も不自由になった。自分の種がかかった健常者をつくることで傷ついた自分をチャラにしたかった。

弁護士　妊娠がわかったとき、あなたはよろこんだのか？

被告　はい。

弁護士　なぜ？

被告　子どもがおったら妻に逃げられる確率が低い。

被告　（元妻が家を出て行ったとき）顔をずたずたにしてやればよかった。一時の感情だから罪も軽い。今になればなぜしなかったのか、悔しくてならない。

弁護士　元妻とはよりをもどそうとしたか？

被告　はい。話し合おうと思った。

弁護士　中絶を電話で告げられたときどう思ったか？

被告　あぜんとした。とんでもないやつと思ったので5百万円出せと言った。

弁護士　殺してやると言ったそうだが。

被告　言った。子どもをおろした時点で慰謝料とって、ねるとんパーティー行って次の女でも見つけたらよかったが、その頃は今では考えられないくらい執着していた。しょうもない女を殺して懲役いくやつはごろごろいるけど、そいつらもそのときはどうしょうもなかったのでは。今にして思うとアホな女と思うけれどそれを失いたくなかった。

一方、その3番目の妻の証言は、6月13日の公判で読み上げられました。だまされ脅されて結婚し、暴力を振るわれたようすの中でも、宅間被告の女性蔑視の言動が語られていました。

「出会ってすぐ結婚を申し込まれ、断るとストーカー行為、脅しにあってしかたなく結婚した。髪の毛を捕まれ引きずり回されるような暴力を受けた。」

「離婚が成立した後も暴力を受けた。」

「女性は姿、形、特に顔と思っているようだった。」

第12回公判（2002年7月26日）

弁護士　あなたがどつぼにはまることと大量殺人がどうつながるのか。

被告　自分の人生を幕引きする代わりに道連れにしてやろうと。

弁護士　加古川の病院へ行ったのはなぜか。その少し前に調停離婚している。なぜ病院へ行ったのですか。

被告　薬がほしかった。女に飲ますのがものすごく効果的とわかったから。完全には眠れへんけれど、平衡感覚を失ってそれでいて脱却するのが2～3時間で早い。こっちの目的としてはかなり有効やな。

弁護士　池田小学校の事件の前日はどうしていたんですか。

被告　寝転んでいた。頭はむちゃくちゃ鈍っとった。

弁護士　どんなことを考えていましたか。

被告　パーティーで知り合った医者の娘を呼び出して殺そうかと思った。携帯電話にかけたが相手が出なかった。元妻は夜中、ガラスをやぶって殺してしまおうかと。

第13回公判（2002年8月9日）では検事から、池田小での殺傷行動の直前の心理状態を聞かれて次のように答えています。

検事　その日、どんな気持ちで教室に近づいていったのか。

被告　殺そうと。門を入った時点で突撃態勢だった。ゆっくり歩いていったが、冷静ではなかった。中学生のとき痴漢をしたことがある。夜道で前を歩く女に忍び足で近づき、抱きついてパーっと逃げるような、そんな緊張感があった。

被告　物心ついたときから、不愉快な思いばっかりさせられて生きてきた。何をやろうと、何千人殺そうと、自分の腹の中では正当化させてしまう。無理はあるやろね。

弁護士　あなたの性格、もって生まれた素因のせいですか。

被告　素因と運と第三者の誘発や。

弁護士　素因は両親のせいか。

被告　とにかく誘発は大きい。（略）わしが殺人犯したら祖父母も親も連座制で全部罰するべきなんや。実行犯はわしやけど何百人何千人の力で殺したんや。

弁護士　事件は起こるべくして起こったのか。

被告　ちょっとした運、ひらめき、機転で回避できたと思う。

弁護士　その努力はしたのか。社会と折り合いをつけて生きていく努力はしたのか。

被告　産みつけられた段階でもうハンディを持って生まれたのに、何でしんどい思いして生きなあかんねんと思う。（あんたらは）10時間机に向かって勉強して、検事や弁護士になった。わしは5分机に向かったらもうダメなんや。それは生まれつきや。ハンディ背負っているわしがなんで努力して回避義務を果たさなければいけないんだ。

（第22回公判被告人質問より）

怒りの仮面の裏の感情

第2章で説明した「怒りの仮面の図」（63ページ参照）を見ながら考えてみましょう。

宅間は父親が母親に暴力を振るうのを目にして育ちました。幼少の子どもにとってそれは恐怖や悲しみや絶望の感情が凍結してしまうほどのトラウマをもたらす体験です（第2章「子どもたちの気持ちの絵」55ページ参照）。彼自身も厳しい体罰を父親からしばしば受け、恐れ、不安、辛さ、悲しさをためこんでいました。その苦しい心理状態を宅間は公判でしばしば「むしゃくしゃする」という言い方で説明しました。

認められなかった感情、表現を許されなかった感情、とりわけ本人自身も認めることができない感情は人の心の中の異物として、行き場を失い子どもの身体の中をさまよい、自我形成に、人間関係の持ち方に深刻な影響を及ぼします。

加えて、怖い、寂しい、自分に自信がないなどの気持ちを男子が口にすることを「女々しい」と嫌う男らしさの価値観は、体罰を受けたり、いじめられたりすることで生じる錯綜《さくそう》する感情を否認し、抑圧します。男子、男性たちはそうした感情を固い鎧《よろい》の下に押し隠し、強さを装うことを社会から求められています。

「男だったら泣き言を言うな」「女々しい奴」といった慣用句に表される男らしさを美化する社会の通念を、武士の血筋であることを誇りに思い、木刀で息子に懲罰を加えていた父親が体現していたことは想像に難くありません。

強いことが期待され、苦しさ、悲しさ、寂しさ、自信のなさ、などの本音を口にすれば殴られるかもしれない環境に育った宅間は、怒りの背後にある「やわな感情」とでも呼ぶべき気持ちを表現することを許されなかったでしょう。

しかし、「男は強く、女は優しく」を信奉する社会が男性、男子に表現を許している感情がひとつだけあります。怒りです。悲しさ、寂しさ、怖さを口にすることは女々しいが、怒りを表現することは雄々しいのです。

仮面の裏の「やわな感情」を刺激された男たちは、それを怒りとして表出します。自分の自信のなさ、寂しさ、不安、怖さ、見捨てられ不安などを彼らはすべて怒りとして感じます。本当は自分がもたらした自分自身への怒りなのですが、自分の錯綜する感情を認めることも、見つめることもしてこなかった彼は、身近にいる者が自分の怒りを誘発したとしか思えないわけです。

「昔から生きてんのがやっと。しんどかった。100人中95人まではこういう気持ちはわかってもらえないだろう。むしゃくしゃする不愉快な思いを、車のタイヤをパンクさせたり、ガラスを割ったり、こしゃな（細かい）ことやってうっぷん晴らしして生きてきた。」

（第22回公判2003年4月11日）

そのうっぷん晴らしに彼が最も頻繁にした攻撃行動が強姦、痴漢などの性暴力でした。

しかし、小さなうっぷん晴らしの攻撃行動をして一生を過ごすのも「めんどうくさくなって」大きな攻撃行動が必要になり、大量殺人を考え実行したというのが、宅間が公判で述べた説明でした。

郵便はがき

602-8790

料金受取人払郵便

西陣局
承認
9059

差出有効期間
2021年4月
30日まで

（切手を貼らずにお出しください。）

（受取人）
京都市上京区堀川通出水西入

㈱かもがわ出版行

注文書

ご注文はできるだけお近くの書店にてお求め下さい。
直接小社へご注文の際は、裏面に必要事項をご記入の上、このハガキをご利用下さい。
代金は、同封の振込用紙（郵便局・コンビニ）でお支払い下さい。

書　名	冊数

ご購読ありがとうございました。今後の出版企画の参考にさせていただきますので下記アンケートにご協力をお願いします。

■購入された本のタイトル	ご購入先

■本書をどこでお知りになりましたか?

□新聞·雑誌広告…掲載紙誌名(　　　　　　　　　　　　)
□書評·紹介記事…掲載紙誌名(　　　　　　　　　　　　)
□書店で見て　□人にすすめられて　□弊社からの案内　□弊社ホームページ
□その他(　　　　　　　　　　　　)

■この本をお読みになった感想、またご意見·ご要望などをお聞かせ下さい。

おところ □□□-□□□□　☎

お(フリガナ)なまえ	年齢	性別
メールアドレス	ご職業	
お客様コード(6ケタ)		お持ちの方のみ

メールマガジン配信希望の方は、ホームページよりご登録下さい(無料です)。
URL: http://www.kamogawa.co.jp/
ご記入いただいたお客様の個人情報は上記の目的以外では使用いたしません。

男らしさの虚像――唯一のよりどころ

女子・女性への暴力殺傷事件を起こし続けた宅間は、2年間に及ぶ公判の中で、自身のゆがんだ女性観を取り繕うこともかくすこともなく、女性蔑視発言をくり返し、腕力の強さと暴行の数の多さを誇示することにこだわり続けました。

2003年4月11日第22回公判の最終被告人質問でのことでした。弁護側からの最後の質問に答えているうちに宅間はしだいに感情的になり、語気を強め、饒舌《じょうぜつ》に語りました。

被告 求刑が死刑で、判決が死刑。それでええんちゃうか。中には死ぬのにびびってもうて、いざとなったら控訴どうのこうの言うやつもおるけど、わしはそんなん違う。そんな根性なしや思われるのもけったくそ悪いし、嫌や。子どもや女しかやれないと思われるのもけったくそ悪い。わしの経歴見てくれればわかるが、ヤクザをボコボコにやったこともある。

その日の前半の質問で弁護士から、「人から見られれば怒り、女性を見たら欲情し、頭にきたら人を殺す。宅間という人間はただ外からの刺激に反応するだけの自動販売機なのか」と挑発されました。それでも彼は淡々と「そういうことだ。産みつけられたときからハンディ背負っている」と開き直り、自分の心理的問題の指摘を素直に受け入れました。精神鑑定の「情性欠如」という診断を、部分的には当たっていると受け入れてそれなりの自己分析をしてみせました。にもかかわらず、男らしくない自分は決して受け入れない。強さを誇示する男らしさの虚像が唯一のよりすがる自我であるかのように。

第22回公判で、男の強さの自己顕示をどこまでも主張する最後の被告人陳述が、思わぬ展開になったことに驚いたのは私だけではなかったと思います。

検察側の質問に対して宅間は男らしさの自己顕示欲求の感情を一気に高ぶらせて、検察官への敵意をむき出しにして声を荒げました。

被告　わしをナメとるわ、ナメとる。

検察官　だれが？

被告　さっきも言うたように、女や子どもだけしかやらん（襲わない）ヘタレと思っていたらアカン。ワシは30秒あったら男も倒せる。興奮した宅間の感情は収まりませんでした。「そんなこと言ってわしの心臓がバクバクしとると思っとんのか。早く判決出せばいいんだ。裁判所は量刑決めるところやろ」と言い、最後に裁判官に、謝罪するつもりはないことを明らかにして公判は終わりました。男らしさ幻想とは、こんなにも根深く、人の感情と行動と人格とを支配するものなのでしょうか。

死刑確定

2003年8月28日に、宅間守（39歳）は一審・大阪地方裁判所で死刑判決を受けました。弁護団は判決内容を不服として控訴しましたが、被告自身が控訴を取り下げたため、池田小学校での殺傷事件から2年と3か月で、死刑判決が確定しました。

「エリートの卵たちを殺しまくって国家によって殺される、これでよかったのではないか。少なくとも私は、不慮に死ぬことも、包丁で刺されることももうないのである。」

（弁護団に渡した宅間の手記2003年6月6日付、検察側の死刑求刑から15日目）

「刑が決まったら、早く執行してほしい。国が見せしめのように刑を執行せず、だらだら生かされるのは不満。これが正直な気持ちだ。」

（供述調書）

宅間は最後まで謝罪することを拒否し、責任は引き受けないが事実は認め、刑だけを受ける意思を維持しました。だからと言って、死刑を受けることでけじめをつけたいなどのストイックな姿勢が彼にあるわけではないことは、彼の手記を読むとよくわかります。

「生け捕りにされて快楽から遮断されて何年も生き、そしてある日殺されるのはいやだ。」

（2003年4月11日第22回公判）

「やはり、少しでもましな死刑囚生活を送るには金です。（略）コーヒーからいろいろなお菓子類そして、冬には使い捨てカイロ。（略）使い捨てカイロを買いまくりほかホカ生活を送ると月8万円は、かかります。」

（「手記」2003年6月10日）

その費用に父親が死んだら遺産相続金を充て、1千万円ぐらいで充実した刑務所暮らしをするんだと、細かくそろばんをはじく。死刑囚になれば今より待遇はよくなるだろうと推測もしている。彼の生への執着はしぶとい。

情性欠如＝反社会性パーソナリティ障害

判決は被告の完全な責任能力を認め、同時に「他者に対して冷淡、残忍、冷酷な情性欠如を中核とする人格障害者であって、しかも、他罰性、自己中心性、攻撃性、衝動性が顕著で、その人格障害の程度は非常に大きい」（大阪地裁判決文、２００３年8月28日）としました。

情性欠如とは、他人の痛みをまったく感じることのできない前頭葉の微細な機能障害とされています。他人に対する共感や同情心が欠落した人格傾向の精神病質の概念で、１９６０年代まで使われていましたが、現在はより広い概念として世界保健機関などの診断基準による「反社会性パーソナリティ障害」と言い表すのが一般的です。サイコパスやソシオパスは、この障害に属します。統合失調症と違い、刑事事件の責任能力に影響を与えないとされています。

宅間は精神鑑定で診断されたこの自分の人格障害をすんなりと認めていました。

「自分に対する後悔の念ばかりで、被害者のことは考えていない。私個人はもともと人のことを思いやることができない。私自身は１００人殺そうが、１０００人殺そうが、結局自分のことしか考えられない。」

「前頭葉に機能障害がある可能性を鑑定医が示した。前頭葉か何か知らんが、おかしいに決まっている。人間は、生まれながらにして、そのほとんどが決まっているのである。」

（供述調書）

そんな自分の問題は脳に機能障害があったからなのだ、という情報を彼は気に入ったようだった。

弁護士　情性欠如だけでなく他にもいろんな症状があって、あなたは特異だと鑑定医が言ったが。

被告　昔から生きてんのがやっと、しんどかった。１００人中95人まではこういう気持ちはわかってもらえなかっただろう。たとえば、10年前に足ふまれたことをいつまでも覚えている。物心付いたときから不愉快な思いばかりさせられて生きてきた。だから何千人殺そうと、自分の腹の中では正当化してしまうんや。」

「けったいなオヤジ、頭の非常に回転の悪い不安定な母親そして、悪いランクの精子と卵子

の受精による」生まれながらの脳の機能障害ならば、何をしても自分の責任ではないことにできて、都合がよかったのでしょう。

戸谷茂樹主任弁護士は、死刑判決直後、報道関係者にこう語っています。「被告のゆがんだ心を、ただ特異な人格の持ち主として被告だけの責任として済ませてしまっていいのだろうか。勝ち組になることだけが肯定された彼の生まれ育った時代や社会が、被告の心に影響を及ぼしていないのか。」

（「朝日新聞」2003年8月28日付朝刊）

戸谷氏は宅間の背景に競争社会の問題を見ていたようでしたが、私は宅間の背景を、ジェンダー社会における男らしさと暴力という枠組みで考えていました。

大量殺人は男の強さ

「ピストルを持って、有名女子中に立てこもり、1クラス分、30数人とセックスをし、全員、顔を包丁で切り、投降する」「芦屋か箕面の有名私立幼稚園に包丁を持って突撃し、ブス、ブス刺しまくって、生け捕りをされて、死刑になる」

「一人でも多く殺傷するのだ。今回は本当に不本意に終わった。無念である。A（3番目の妻）に何らケジメを取っていない。おまけに池附で8人殺し8人重傷、たった、それっぽちの成果なのだ。」

（以上、2003年5月26日の宅間の手記より）

宅間の頭の中には大量殺人や大量強姦の幻想が渦巻いていました。暴行の数の多さが強さの誇示になると思っていたようです。たった8人の成果だったと悔しがる彼は、まるでビデオゲームで敵を1人でも多く倒すことで満足する単純なパワー信仰を持っていました。それは支配の快感とでも呼べるものです。
宅間は10代後半にヒトラーや金日成《キムイルソン》に憧れました。独裁者として女に何でもできる彼らに憧れ、自分がヒトラーのように演説をしている姿を空想しました。

（2003年4月11日第22回公判より）

人の優位に立つこと、とりわけ女の優位に立つことが男の証《あかし》であると信じている宅間は、結婚相手、婚約相手を暴力で支配することに多大なエネルギーを注ぎました。最も執着した3番目の妻Aとの離婚をくつがえすことが不可能だとわかったとき、Aを殺すことを考え始めます。

殺人は、もはや自分の下につなぎとめることができないAを支配し、所有する残された唯一の方法です。興信所を使ってAの職場を探すが見つからず、Aを殺すことが難しいとわかると、ひどい抑うつ状態に陥りました。ここまではドメスティック・バイオレンスの加害者によく見られる心理と行動です。しかし、宅間はアクセスできないAを殺す代わりに、大量殺人の方法を夢想することで抑うつから抜け出します。大量殺人によって殺人者は被害者を支配するにとどまらず、その死を悲しみ嘆く家族や友人など多数の人々の支配者になることができるのです。

公判では彼が幼い頃から動物を虐待し、年下の子どもや女子など弱い者をねらっては蹴る、石をぶつけるなど粗暴な行動を取り続けたことが明らかにされました。中学生になると、その攻撃性は女子を性的に襲うことになり、その後数えきれない婦女暴行、強姦、強姦未遂をくり返しました。

「自営業はじゃまくさいという気持ちになり、やめ、いろんな女とセックスができるかもしれないと思いきや、賃貸専門の不動産屋で働き出したのである。そこで働きだし2か月位のとき、子連れの40前後の主婦をマンションへ案内しているとき、風呂場で強姦しようとしたが「ギャー」されて、未遂に終わった。（中略）売春婦タダ乗り、素人女の強姦、強姦未遂ひったすらうっぷん晴らしと快楽に走った。」

（宅間の手記　消印2003年6月2日）

この手記の便箋の余白には、いくつもの男性性器のイラストが書かれています。刑務所の中で手記を書きながらも彼は性衝動をエネルギー源にして、言葉による他者攻撃を展開したようです。

性暴力とは、加害者の抑えきれない生理的性衝動が引き起こす行動ではなく、他者を支配することへの心理的欲求行動です。誰かを貶《おとし》めて自分の有力感を得たい、相手に強いという印象を与えたい、抑うつ気分を払拭したい、自分自身への怒りを発散させたい、そのために彼らは性器を武器として相手を力でコントロールします。

公判での彼の証言の数々や公表された手記は、宅間の根深い劣等意識を表す言葉で満ちていますが、同時にその裏返しの、女性や弱い立場の人への差別意識の言葉も溢れているのです。

「コラッ雑民、コラッ二・三流大学出、コラッ下級公務員（中略）コラッー　コラッ雑民達よ、ワシを下げすむな、ワシをアホにするな。おまえらに言われたない、おまえらに思われたない、お前らの人生よりワシの方が勝ちや。

処女と20人以上やった事、おまえらにあるか？　ホテトル嬢50人以上とケツの穴セックス、おまえらやった事あるか？　医者のねるとんパーティに行って、ベッピンの女、数人とオメコやった事、おまえらにあるか？　複数回、再婚やのに初婚とだまして結婚した事おまえらにあるか？　歩いている女、スパッとナイフで顔を切って逃げた事あるか？　ワシは全部、全部、おまえら雑民の二生分も三生分もいやそれ以上の思いも、事もやったのや。おまえら雑民の人生なんかやるより、大量殺人やって、死刑になるほうがええんや。

コラッ　ホームレス　おまえら、何にしがみついているんや。お前らは、動物や。ただ死ぬのをびびって、生き長らえている動物や。（後略）」

（宅間の手記　消印2003年6月11日）

深い劣等意識と強いエリート羨望を持つ宅間は、公判で「雑民」という言葉を好んで使い、ホームレス、在日韓国人、女性をさげすむ発言をくり返しました。勝ち組になることを夢想し、しかし結局、自分はいつも負け組であることを認識しては、苛立《いらだ》ち、そのうっぷんを攻撃行動によって晴らす人生を送ってきました。中学3年のときには、在日コリアンや同和地区のクラスメートをアウシュビッツに送ったらいいとの暴言を吐いています（第24回公判）。

「ええ格好しいで、いろいろと夢見ることで自分をごまかしてきた。」

「なんでか現実離れした空想があって、一しか知らんのに十知っているように見せかけるペテン師みたいなところがあった。小学生のときも父親がどこかの偉いさんやといったすぐわかるホラ言うて、そのときだけ自分を取り戻せるように感じたが、いつも後で後悔した。」

（以上、捜査段階の精神鑑定の問診での宅間の言葉）

「ワシのほうが勝ちや」と宅間は書きました。どっちのほうがより強いか、より金があるか、より人を支配したかにこだわることで彼は一貫していました。公判では男の力の強さの自己顕示にこだわり、検事にくってかかりました。「女や子どもだけしかやらんヘタレと思っていたらアカン。ワシは30秒もあったら男も倒せる。」

女性との関係を含めてすべての人間関係を勝ち負けでしか考えられない宅間にとって、女性への性暴力は相手を自分の思うようにすることで優越感（勝利感）を感じる行為として、しないではいられない行動でした。

フィンケルホーの男性の社会化論

子ども、女性への暴力の調査研究の世界的な第一人者である米国の社会学者デイビッド・フィンケルホーは、性暴力は男性の社会化（male socialization）ジェンダー意識に起因していると論じ、次の４点をあげました。

①女性は性的な愛情関係と非性的な愛情関係の違いをはっきりと区別させて学ぶのに対して、男性は性行為なしで愛情を表現する機会を持たされてこなかった。それゆえに男性は愛や親密さといった情緒的欲求を性行為を通して満たそうとする傾向が女性に比べると強い。

②女性との性関係を持つことが、男性としてのアイデンティティの確立に重要だという意識を持たされてきた。それゆえに男性は女性にくらべて自己のアイデンティティが危機に陥ると性行為を通してそれを取りもどそうとする傾向がある。

③男性は性的関心、性的行為を精神的、情緒的関係なしに持つことができるよう社会化されてきた。この男性の無機的に性行為を持ち得る可能性は、男性のポルノグラフィへの関心や子どもからも性的刺激を得ることができる事実に現れている。

④男性は、最もふさわしい性的パートナーは自分より若く、小さく、弱い存在であるべきだと社会化されてきた。一方、女性は最もふさわしい性的パートナーは自分より年上で、大きく、強い存在であると社会化されてきた。性的虐待の加害者にとっても子どもは彼らの性的パートナー、若く、小さく、弱い存在の延長線上にある。

男性の社会化論の締めくくりとして、フィンケルホーは、子どもへの性暴力をなくしていくためには「男性の社会化」のあり方を反省し、男たち全体の意識が変わっていく必要を主張しています。

「まず第一に男性は性行為をともなわない愛情と親密さに満ちた関係――男と男の友情や育児に携わる――を積極的に持つ」と同時に女性との平等な性関係を保つことを学ばなければならない」。ちなみにフィンケルホー氏は男性です。[4]

感情の鈍磨

宅間の弁護団の公判における方針は、宅間が死刑判決を望んでいたこともあって、減刑を求めることよりも、動機の真実を明らかにすることと、宅間に謝罪表明させることでした。そのため、宅間の証言では、減刑を得るためのおざなりの反省の言葉などはなく、彼の本音が語られていました。私の傍聴した公判では、毎回、宅間は自分をありていに語って饒舌《じょうぜつ》でした。生い立ちの理不尽さ、父親、母親への批判、他者への共感を持てないことも語りました。自分の愚かさや、運の悪さを語るときは興奮気味でとめどなく言葉を発していました。

それなのに、宅間は公判でも手記でも、自分を苦しめていた本当の感情を言葉にしたことはありませんでした。快、不快の感覚はくり返し表現するが、関係性における悲しみや、寂しさや、喜びなどの感情については、弁護人からの質問があっても、答えることができなかったのです。

父親の暴力が充満した家庭に育つことで、日常的に抱いていた恐れや不安な感情を抑圧し、感じないようにして生きてきました。その苦しい心理状態を宅間は公判でしばしば「むしゃくしゃする」と表現しました。

「むしゃくしゃする」と、小学生の宅間は自分より小さな子どもにつばを吐きかけいじめ、「むしゃくしゃする」と、中学生の宅間は女子を後ろから襲ってレイプし、「むしゃくしゃする」と、駐車している車のタイヤを片端からパンクさせ、「むしゃくしゃする」と、妻を殴った。そして3番目の妻への「むしゃくしゃする」気持ちの肥大を止めようがなくなり、大量殺人、池田小襲撃の行動となりました。

「むしゃくしゃする」気持ちとは何だったのか、その感情に向き合うことなくして、宅間が被害者や遺族の苦しみに共感することも、したがって謝罪することもありえません。

被告人最終証言の第22回公判において、検事も弁護士も裁判官も、反省の気持ちはないのかと宅間にくり返し謝罪を求めました。

弁護士 遺族の怒りや悲しみを聞いてどう思ったか。

被告 立場を置き換えて、ワシだったら、謝罪されよるが、なんとも思わない。

弁護士 謝りたくないという心境なのか？

被告 ちょっと車でひっかけたからと、菓子折り持って謝りに行くのと（この事件は）次元が違うやろ。言葉ではなんとでも言える。ワシが死刑になったら新聞に載るから、それを待っとればいいんちゃうかな。

弁護士 それがあなたの責任の取り方か。

被告 死刑執行されたらええんちゃうか。控訴しようという人もいたが、とんでもない間違い。根性なしと思われるのも不本意だ。こっちは何もビビッていない。

検察官 判決が出る前に、遺族に謝罪する気はないのか？

被告　（しばらく沈黙した後、おもむろに語気を強めて）それを聞いてワシが心臓バクバクしてるとでも思っとるのか！」

本当の謝罪は、自らの怒りの仮面の下に隠れている悲しみと喪失を感じることからしか始まりません。

「遺族に謝りなさい」という弁護人たちの願いが届くためには、まず、「あなたの心の奥底で、怖くて、寂しくて、声を出さずに泣いている小さな少年を何十年間も無視し続けてきたことに謝りなさい」という働きかけが必要です。自分への怒りを他者攻撃行動で発散する怒りの仮面の裏側をのぞき込み、そこで今も父からの体罰におびえている少年に共感し涙を流して寄り添えたとき、彼の中に他者への共感が生まれます。その作業には勇気がいる。傷口のまわりに巻きつけた包帯とガーゼを剝ぐ勇気がいる。痛みを痛いと感じる勇気がいる。

しかし、私たちの社会は、男子、男性のそのような努力を勇気ある行動とは見なしません。身体の痛みならともかく、心の痛みを訴えるなぞ、「女々しい」行為で、「強い男」のすることではないのです。むしろ心の痛みなど無視して、感じないことが勇気だと信じられています。

想像を絶する残虐行為が平然と行われるとき、それが日常空間であれ、戦争の非日常空間であれ、相手を人間とは思わない心の操作が起きています。

軍隊の訓練とはそれをするところです。ナチスがユダヤ人をネズミと呼び、日本兵が中国人をブタと呼び、アメリカ兵がベトナム人をグックスと呼んだのは、人種差別の表現というよりは、攻撃相手は人間以下の動物であると、兵隊が自分に思い込ませるためのかけ声なのです。相手の苦痛や恐怖を共有してしまう人間の正常な感情の流れは、相手を動物と思うことでストップする。

ウェスト・ポスト陸軍士官学校心理学・軍事社会学教授を務めたデーヴ・グロスマンは、『戦争における「人殺し」の心理学』の中で、「兵士の使う戦争のことばは、戦争の実態を否定しやすくし、それによって戦争を受け入れやすくしているのだ。」[5]と述べています。

宅間は子ども時代から父親からの折檻《せっかん》の痛みや恐怖に対処するために、自分の感情を鈍磨させて生きました。「むしゃくしゃ」という表現以外に自分の感情に名前をつける言葉を持たないのはそのためです。

男たちが悲しみを、寂しさを、恐れを感じる心を否定しなければならない社会は危険です。

弱さの感情を許さない靖国神社——山中恒の少国民研究

戦争をする国家は弱さの感情表現を許しません。太平洋戦争中の日本の学校教育では、戦争に行った父の悲報を聞いても泣くことは許されなかった。靖国神社は戦死した軍人の死を悼み悲しむ場ではなく、彼らの死を讃えるところでした。

戦後の代表的な児童読物作家の山中恒《ひさし》は、昭和の戦時下の子どもへの教育文化状況を徹底した文献考証によって明らかにした「ボクラ少国民」シリーズをはじめとする評論や歴史書を多数発表してきました。その一次資料の発掘研究にかける情熱と緻密さはよく知られています。

『父は戰に——銃後綴方集』（坪田譲治編、新潮社、1940年）に収録された鹿児島県の尋常高等小学校2年生の木村妙子さんの「とうちゃんのこつむかえ」という綴方からも、山中は、父の死すら悲しむことを許されなかった当時の遺児たちへの戦争教育を批判します。

「けふはかあちゃんが、とうちゃんのこつをもらひに、みやこのじょうにいくのです。

のう（仏）さんにおあかりをつけて、みんなでおがむ時かあちゃんが、『とうちゃんが、もどっきやって（もどってきたので）、うれしいな』となみだをながせながらいひました。（中略）私はなきたくなったけれども、やっぱりきばってゐました。（中略）『とうちゃんは神さまになって、やすくにじんじゃにゐる。』とかあちゃんがいひます。私はとうちゃんも、きっとうれしいと思ひます。私はかあちゃんと、いつか、とうきょうにいって、とうちゃんにあふのです。」

山中は、とうちゃんもきっとうれしい、と8歳の少女に思わせた「国体原理主義の教育を憎み」、「妙子ちゃん、きばらなくてもいいよ、ウント泣いてもいいんだよ」と呼びかけます。

「一家の大黒柱だった人物が軍隊に取られて戦死したとなったら、一家は悲嘆のどん底に落ちこみ、軍隊を憎んでも当然だと思います。しかし、その怒り憎しみを喜びに転化させる装置が、靖国神社だったのです。はっきり言って、靖国神社は、そうしたマインドコントロールの呪術を発揮する軍事施設だったのです。」[6]

男たちが、悲しみを大泣きできる社会、恐怖と不安を「怖い」と言える社会が必要です。人は誰でも自分の悲しみをしっかり感じる心があってはじめて、他者の悲しみに共感できるのです。これを人の優しさと呼びます。

死刑の早期執行

２００４年9月14日、宅間守死刑囚（40歳）の死刑が行われました。死刑判決後、1年足らずという異例の早さの執行でした。死刑の早期執行を強く要望していた宅間は、最後まで自分の罪と責任を認めずに死にました。

第13回の公判で宅間は検察官の「なぜ早く死刑執行されたいのか？」との質問に次のように答えました。

被告　酒もたばこもできない自由の無いところで寝起きさせられて、何の快楽も無い。後世に残す本でも書く能力があればいいが、能力もないし。

被告　夏は暑く、冷房も無く、窓あかん部屋に放り込まれ、はっきりいって、精神的にのたうちまわっていた。やくざに拉致され、自分の死んでいく穴を掘らされている心境。

「監獄が嫌で嫌で。殺して懲役行くぐらいなら首でもくくって死んだ方がよっぽどまし」「大久保清みたいに半年で（死刑を）やってくれればいい」と早期執行をくり返し願った宅間にとって、死刑は極刑ではありませんでした。彼が最も恐れていた懲罰は、刑務所の中で、自分のした行動と自分の過去とにじっと向き合うことでした。

ひとつの場所にとどまって、自分の内面を見つめることに耐え難い苦痛を感じる宅間にとって、もし下された刑が無期懲役だったら、それこそ、のたうちまわって苦しんだことでしょう。最後まで自分の心の中をのぞき込むことから逃げ、控訴せずに死刑を受け入れる自分を「死ぬのをびびって、生き長らえている」雑民たちとは違うんだとの欺瞞《ぎまん》に満ちた自己顕示欲だけを満たして死んでいきました。

すべて彼の望む通りの結果となったことに対して、遺族はどんな思いでいるでしょう。死刑執行は、遺族感情をなだめるものだったのでしょうか。

＊この章は、「森田ゆり個人通信・エンパワメントの窓」10〜19号（エンパワメント・センター発行、2002〜08年）に連載した「ジェンダーと暴力」から、宅間守の公判部分を大幅に短縮したものです。

●注

1 法務省法務総合研究所編『平成27年版犯罪白書——性犯罪者の実態と再犯防止』日経印刷、2015年

2 前掲書

3 大阪地方検察庁、平成14年6月「事件報告書」より。

4 David Finkelhor, *Child Sexual Abuse*, Free Press, 1984.

この日本語訳は、森田ゆり編著『沈黙をやぶって——子ども時代に性暴力を受けた女性たちの証言＋心を癒す教本』（築地書館、1992年）に掲載。

5 デーヴ・グロスマン『戦争における「人殺し」の心理学』安原和見訳、ちくま学芸文庫、2004年

6 山中恒『靖国の子——教科書・子どもの本に見る靖国神社』大月書店、2014年

5

体罰の6つの問題性と戦争の6つの問題性

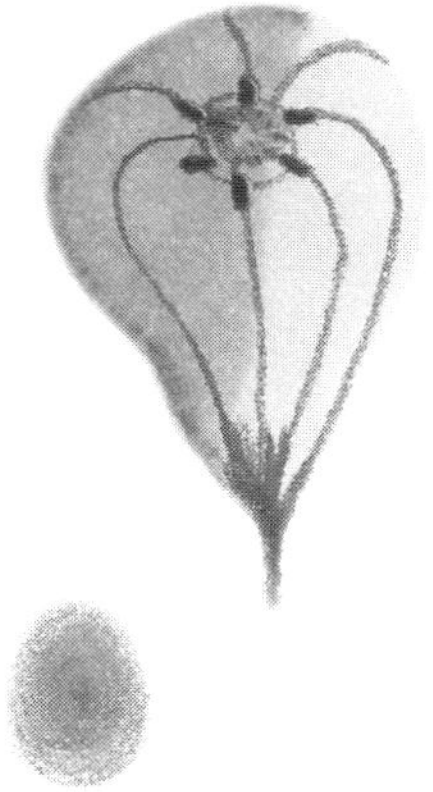

体罰の記憶を思い出してみる

あなたの子ども時代の記憶をのぞいてみましょう。ゆっくりと息を吐いて、それから、ゆっくりと大きく息を吸い込んでください。あなたは幼児？　小学生、中学生、高校生かもしれない。子どものあなたが、親、教師、コーチなどおとなから体罰を受けたときのことを思い出してください。教師、スポーツコーチ、子育てグループのリーダーは、このアクティビティをすることから、体罰に関する話し会いを始めましょう。

体罰を受けた記憶がないという人

あなたは、ラッキーな人です。体罰を受けることにともなう屈辱感、悔しさ、悲しみを経験せずにすんだあなたは、子どもをしつけるために体罰は不要であることを体験的に知っている人です。

子ども時代に体罰を受けたことが自分にとってよかったと思う人

あなたは、体罰が子どものしつけに時には必要だという体罰容認派の中核をなす人です。

「家にいることも少なく、あまり会話もなかった父親が、私が万引きをしたときには本気で怒ってくれて、張り倒されました。そのとき私は父親の愛を強く感じて、2度と万引きをすることはありませんでした」と語った人がいました。あなたの体験もこれと似てはいませんか。

この人が父親の愛を強く感じたその体験を他人が否定することなどできるはずがありません。個人的な体験はその人の宝です。他人はその宝に難癖をつけることはできないのです。ただ、そのときにその人に、もうちょっと踏み込んでその経験を再検討してほしいとお願いしたいのです。

「『張り倒された』からあなたは2度と万引きをしなくなったのですか？」と、私は質問を投げかけます。

「子どもって、親から注目してもらうこと、気にかけてもらうことを求めていますよね。そのとき父の愛情を強く感じたのは、いつもは忙しくて気にかけてくれない父親が本気であなたに向き合ってくれたからでしょ。あなたにとって重要だったのは、殴り倒してくれたことよりも、父親が本気であなたに向き合ってくれたということだったのではないですか。その真剣な向き合いは、体罰以外の方法では不可能だったのでしょうか。他の方法でも、父親の真剣さがあなたに伝わりさえすれば、同じように愛情を感じたのではないでしょうか。」

体罰だから効果があったのではなく、おとなが子どもに向かう真剣さが効果を持ったのではないですか。その真剣さは、たとえば「おい、釣りに行こう」と子どもを釣りに誘い、そこで子どもと話をするという形でも十分に伝わったのではないでしょうか。体罰という暴力をもってしか子どもへの真剣な愛を伝えることができないとしたら、それはあまりにもコミュニケーション能力に欠けることです。

体罰を受けたのは自分が悪かったからで当然のこと、仕方のないことだと思う人

いけないことをしたから殴られてあたりまえの人間なんか、世の中にはただひとりとしていません。

かつて女性が人権を認められていなかった頃、掃除の仕方が悪い、食事がまずい、口答えをした、ということで彼女たちは殴られるのがあたりまえだった時代があります。かつて奴隷制が健在の社会では奴隷が仕事のノルマを果たさなければ殴られ、嘘《うそ》をつけば鞭打たれるという罰を甘んじて受けなければならなかったことと、子どもへの体罰とどれだけのへだたりがある

のでしょうか。無知で社会のなんたるかを知らない奴隷は体で教え込まなければ学ばないという論理、怠け者の奴隷たちには体罰で当たらなければつけ上がって手に負えなくなる、といった論理は、子どもは力で、体で教えなければわからないという今日の体罰正当化の論拠と重なります。

◈とても悔しく、たまらない気持ちでいっぱいだった人

あなたは自分の気持ちを素直に受けとめることのできる人です。体罰が身体的苦痛だけではなく、心理的な苦痛や不快をもたらすことを知っている人です。この不快な感情が表現されることなく押し込められたままになっていると、子どもはさまざまな発達上の問題を引き起こします。体罰を受けた子どもに出会ったら、何よりもまずその気持ちをしっかりと聴いてあげることの大切さを、あなたは体験的に最もよく理解していることでしょう。

体罰の6つの問題性

体罰には6つも問題があります。体罰は問題ばかりで何ひとつよいことがありません。「体罰は時には必要」と信じる人には、この6つの問題性を話してください。身体的虐待は体罰がエスカレートしたものです。体罰が必要なときはありません。そのことを広く伝えていくことで、あなたはこの国から虐待をなくすことに大きく貢献することになるのです。

体罰の全面禁止の法制化を進める方たちも、この6つの問題性を検討し論じてください。その後、同じように戦争の6つの問題性も検討してください。

1　体罰は、しばしばそれをしているおとなの感情のはけ口である

人間は誰でも皆、多かれ少なかれ感情で行動する存在です。おとなだって日々の子どもとのつきあいのなかで、怒りや悔しさや屈辱感などさまざまな感情をいだきます。

子どもがおとなの言うとおりにしてくれるときは、彼らはまるで天使のようです。しかし、子どもがおとなの思うとおりにしてくれないとき、彼らはしばしばおとなの感情をいたく刺激してきます。

「2度としない」という子どもの言葉を信用していたのに、その信用を裏切られたとき、怒りが込み上げてくるのは当然です。「こんなメシ、食えるか」なんて子どもが言い放てば、つけ上がるな、と親はいきり立ちます。これも当然の感情です。しかし、その感情を子どもに伝える手段を持たないおとなは殴る、突き飛ばすなどの暴力行為で感情を表現してしまいます。そのとき子どもがおとなから学ぶ教訓は、「腹が立ったら暴力を振るっていい」ということにほかなりません。

「指導に熱心なあまりつい手が出た」とおとなは理由を付けますが、実のところ多くの場合、体罰が起こるのはおとなの感情が暴力という形で爆発するからです。そのことをまずは私たちおとなは認める必要があるのです。自分は今怒っているんだと自認する瞬間の「間《ま》」が、怒りの感情爆発に抑制をかけてくれます。

教員研修では教育の心がまえを学ぶ以上に、感情表現のスキル研修が不可欠です。おとなを怒らせることの名人みたいな子どもを相手にしたとき、どうしたらこちらの怒りの感情を収めながら子どもと対応するのか、ほかの子どもへの攻撃的な態度を目の前にしたときどうしたらよいのかといった、対応の具体的方法の研修です。

2　体罰は、恐怖感を与えることで子どもの言動をコントロールする方法

身体的な苦痛は、それを与えた相手への恐れの感情と不可分に結びついています。子どもが盗みをした、嘘をついた、これは放っておいたらたいへんだと体罰で指導しようとしても、恐怖で行動を抑え込んでいる限り、子に対する切実な親の願いや懸命さは子どもには伝わりません。子どもは体罰をするおとなの前では怖いからその行動をくり返さないかもしれませんが、体罰をしないその他のほとんどの人の前での行動は変わりません。

子どもの善悪の判断や社会規範を育てたいのだったら、体罰は効果のあるやり方でないどころか、マイナスの効果をもたらすことのほうが多いのです。子どもは親を手本にして規範や価値観を身に付けていきます。だから親が、これだけは子どもに教えなければならないと考える信条や価値観があるのだったら、それはしっかりと親自身が実行することで伝えていくことが必要です。

たとえ反抗期のティーンエイジャーであっても子どもは親や教師からのガイドを求めていま

す。ただし、求めていることを素直に表現しないのが自我の確立を固めつつあるこの年齢の子どもたち。子どもはさまざまな試し行動をして、おとなの反応を見ています。子どもが求めている親や教師は、「なんでもいいよ」と、まるでのれんのようなぶつかりがいのない、ものわかりのよいおとなではありません。むしろ引かないところでは頑として動かない、ぶつかりがいのある存在を求めているのです。だから、子どもの言動に枠組みを提供することは大事なことです。ルールをつくることも必要かもしれません。ただし、ルールとはお互いが守れるルールでなければ意味がありません。そして、なるべく数が少ないほうがよいのです。ルールがたくさんありすぎるとそれをすべて守ることは親にとっても、子どもにとっても難しくなります。数少ない大切なルールを定めたら、おとなはそのルールの一貫性を守らなければなりません。そうしなければ、ルールを決めても子どもがそれを尊重することはありません。

おとなだって同じですが、子どもたちが必要としているのは安定したガイド（指導）とモデル（模範）であって、体罰のような恐れで不安になる暴力ではないのです。

3　体罰は、即効性があるので、他のしつけの方法を使えなくなってしまう

体罰は恐れで子どもの行動を抑え込む方法なので、体罰をする人の前では子どもの行動は即

刻矯正されたかに見えます。ほかのしつけの方法はそんなにすぐに変化をもたらさないので、体罰の表面的な効果に味をしめたおとなは、ほかのしつけの方法に目がいかなくなってしまいます。体罰以外のしつけの方法はそれを知らなければ使えないし、即効性に欠けるので忍耐心や心理的エネルギーを必要とするからです。

もっと子育ての知恵やアイディアを共有しましょう。子どもが物を盗んだとき、子どもがほかの子どもに危害を加えたときこう対応したといった具体的な言葉かけの成功例の集積です。子どもへの対応のちょっとした仕方を知ることは、ハウツーを学ぶことではありません。ハウツーとは「こうしたら、ああすればいい」と決まったやり方を教えるものですが、人間を相手にする場合、決まったやり方など存在しないからハウツーは役に立たないどころか危険です。しかし「こうしたとき、ああしてみたらよかった」というアイディアをたくさん知っていることは、自分の現実に対応するための行動の選択肢を与えてくれます。選択肢を知らないとき、人は自分が慣れ親しんだ対処法か、感情に流されるままの対処法しか取ることができません。

4　体罰は、しばしばエスカレートする

体罰が身体的な苦痛と結びついた恐れを利用した言動のコントロール方法である限り、これ

は十分に痛かったり、恐れを抱かせるものでなければなりません。最初はげんこつで頭をちょっとこづいただけで、子どもは十分恐れたのに、同じ方法を使っていたら、もう怖がらなくなってしまう。となれば、もっと痛くてもっと怖い方法を用いなければ効果がないことになります。3歳の子にはおしりを叩《たた》くだけで十分怖かったのに、その子が6歳になったら同じ方法では少しも怖がらない。ならば今度は棒で叩かなければならなくなります。その子が10歳になったら棒で叩いても怖くはないかもしれない。となればさらに、怖いことをと包丁を持ち出すまでしなければ効果をもたらしません。このように体罰はエスカレートするのです。

5　体罰は、それを見ている他の子どもにも深い心理的ダメージを与えている

体罰をするおとなの真意が子どもの指導や教育的配慮だとするならば、体罰を受けているのを見ているきょうだいやほかの子どもたちへの教育的配慮はどうなっているのでしょう。身近な人が怖い思いをしているのを目の前で目撃することは、自分が怖い思いをするのと同等かそれ以上の心理的ストレスをもたらすことは、国外のドメスティック・バイオレンスの研究調査の中でも明らかにされてきました。母親が父親から暴力を受けているのを目にして育った子どもたちは、さまざまな心理的発達上の問題をかかえてしまい、長年にわたってその問題で苦し

むことが少なくありません。

体罰を受けている子どもの恐怖はそれを見ているほかの子どもたちに伝染します。友人がクラブのコーチから殴られているのに何もできない自分への無力感と自責の念。自分だけ体罰を受けずにすんでいる罪悪感。こうした心理的ダメージを体罰の対象の子どものみならず、まわりの子どもたちにも与える方法が教育的配慮や指導と呼べるのですか。

6 体罰は、時には取り返しのつかない事故を引き起こす

親の体罰の行き過ぎで子どもが重傷を負った、教師に殴られて鼓膜が破れてしまった、といった事件がときどき新聞で報道されます。体罰によってこうした深刻な身体的外傷がもたらされることは稀《まれ》なことかもしれません。しかし、体力的に、立場的に圧倒的に優位に立つおとなが子どもに体罰を加えるのですから、力あまって事故を起こしてしまう可能性は常に潜在しています。

2歳と4歳の子を持つ母親の悲痛な相談にのったことがあります。母親は2歳の子の世話で疲れていました。朝から晩まで目が離せない年齢です。唯一の息抜きがその子のお昼寝の時間でした。やっと昼寝をしてくれたので、さあ、これからの1時間は自分の自由な時間と、母親

は手紙を書き始めました。そのときの解放感がどれほどのものかは、幼児を育てる親なら十分共感できるでしょう。ところが数分もしないうちに、４歳の子が母親の注意を引きたくて手紙書きをじゃまし始めました。４歳の子にとっては、２歳の子が寝ているこの時間こそが、母親を独占できる時間なのですから、この４歳の子どもの気持ちも十分わかります。

しかし、母親は貴重な自分の時間を妨げられて苛立《いらだ》ちました。この苛立ちも多くの人が共感できるにちがいありません。しかし、そのとき彼女は腹立ちのあまり４歳の子の頬に平手打ちをしました。今までも何度かやったことのある体罰です。そうすればその子は即座におとなしくなることを母親は知っていました。ところがそのときは、母親は叩いたその手にペンを持っていた。４歳の子の目を突いてしまったのです。事故です。でも、完全な事故だったとは言い切れません。「私が叩いたりしなければ、こんなことにならなかった」とすでに母親はあまりの罪悪感と自責の念から情緒的な混乱をきたしていました。この母親と子どもたちはこのやりきれない事故がもたらした心理的、身体的な結果をこれから一生引き受けていかなければならないのです。そのような危険を冒してまでも、体罰はするに値する「しつけ」や「指導」の方法なのでしょうか。

私の講演会に来られた新聞記者が、こんなコラムを書いたと、送ってくれました。

「私事で恐縮だが、過去、教師に思い切り顔をぶたれたことがある。後に恩師とも呼べる存在になったその人の行動に、私は深く反省した。説教中、『たたいてくれてありがとう』とさえ、心の中で唱えたものだ。その声は今も響いている。

この経験以来、場合によって、鉄拳制裁は必要なのかもしれないと考えるようになった。叩かれた頬に残る痛みから、やがて強いきずなが生まれると信じていたからである。しかし先日、宮崎市で開かれた講演会でわれに返った。人権問題に取り組む森田ゆりさんは体罰に対して、『あなたの場合、そう思えただけ。運が良かった』

体罰を必要悪だと容認する風潮は、今も学校に残ってはいないだろうか。その発想は新たな体罰を生む土壌になりうる。さらには連鎖する。

森田さんは訴えた。『体罰はしない、させない。時には必要、という考えがすべてを駄目にする』それがあなたにとって、愛のむちであろうとも、だ。」

（『宮日新聞』「響」、文化部・菅野健太）

圧倒的多くの体罰を受けている子どもたちは、「叩かれた頬に残る痛みから、やがて強い絆が生まれる」どころか、叩かれた痛みからその人への信頼を断絶され、恐怖と屈辱感を内にため込むことになるのです。

体罰の６つの問題性

体罰は、

1 おとなの**感情のはけ口**であることが多い
2 痛みと恐怖感で子どもの言動を**コントロール**する
3 **他のしつけの方法**を考えなくなる
4 **エスカレート**する
5 体罰を見ている他の**子どもにも心理的ダメージ**を与える
6 取り返しのつかない**事故を引き起こす**ことがある

森田ゆり編著『虐待・親にもケアを』（築地書館、２０１８年）より[1]

「体罰は時には必要」と考える日本の6割のおとなたちが、「体罰が必要なときはない」と考えを変えない限り、体罰がエスカレートして起こる身体的虐待を減らすことはできません。

「体罰の6つの問題性」は、私の研修で使い始めて以来20年になり、また、私のいくつかの著書でも書いてるので、大学や子育てグループなどでの話し合いの材料として広く使われています。インターネットでも引用されています。

今回新たに、「戦争の6つの問題性」を列記しました。学校や地域でのグループの話し合いやディベートの素材として使ってください。グループになって、一つひとつに関する体験や意見を言い合います。筆者自身が大学の授業で使ったときは、この6つのテーゼを後づける事実や数値を調べてくる宿題を出したうえでディベートをしました。このテーゼに反論する場合も、その根拠となりうる事実の準備をしてもらいます。さらに、それぞれの体験に照らし合わせるとどうなのかを話し合います。

戦争の6つの問題性

体罰と戦争の両方の6つの問題性を話し合うことがポイントです。一見かけ離れたテーマのように見えながら、この両方には「暴力」という共通項があり、暴力の持つ特性をどちらも兼ね備えていることの認識は大切です。また、しつけや子育てに関心のある人たちに、戦争という暴力を身近に考えてもらえます。逆に外交論や国際関係論などを学ぶ人たちに、戦争論が難解な状況分析などに飲み込まれてしまう前に、体罰と戦争の共通項から暴力の本質論に目を向け話し合ってもらうことができます。

体罰同様に、戦争も「時には必要」と考える人たちが、戦争が「必要なときはない」と考えを変えるための論議を進めましょう。

戦争の6つの問題性

戦争は、

1 戦争がもたらすばく大な**利権欲求のはけ口**であることが多い

2 不安と嘘《うそ》を蔓延《まんえん》させることで大衆の言動を**コントロール**する

3 **他の外交解決方法はない**と思わせる

4 小さな武力衝突や攻撃が**エスカレートし長期化**する

5 戦争に巻き込まれた人々の**身体的、心理的ダメージ**は計り知れない

6 取り返しのつかない**殺傷と環境破壊を確実に引き起こす**

右の「1 戦争がもたらすばく大な利権欲求のはけ口であることが多い」について、どんなことを考えますか。次のような事実も考慮に入れて、調べて学んで、話し合ってください。

米国の34代大統領アイゼンハワーが1961年1月の退任演説の中で「軍産複合体」の影響力増大に警鐘を鳴らしたことはよく知られています。米国国防総省が抱える膨大な予算と職員数、軍需産業の急速な拡大を数字で指摘したうえで、こう警告しました。

「軍産複合体による不当な影響力の獲得を排除しなければなりません。誤って与えられた権力の出現がもたらすかも知れない悲劇の可能性は存在し、また存在し続けるでしょう。この軍産複合体の影響力が、我々の自由や民主主義的プロセスを決して危険にさらすことのないようにせねばなりません。」

（訳：豊島耕一）

戦争は「巨大な公共事業」と呼ばれたりもします。税金を使って公共目的の事業を企業が受注する公共事業には、小さな規模から大きな規模のものまでいろいろですが、地域住民にとっては不要な公共事業が、請け負った企業の利益のために実行されてしまうケースが起きることがあります。国をあげての戦争には巨額のお金が使われます。戦争は大義のためよりも、軍産複合体の権限と利益へのニーズで始まり、拡大するようにすら思えます。

第一次世界大戦から今日までの西欧諸国に焦点を当てた戦争ビジネスの実態を膨大な資料と調査とで暴き出して、米国で話題になった大著『武器ビジネス――マネーと戦争の「最前線」』で、アンドルー・ファンインスタインはこう書いています。

「20世紀のあいだに、武器取引は２億３１００万人もの命を奪った紛争を実行可能にし、それを焚きつけてきた。21世紀の最初の10年は、それにも増して暴力的だった。

普遍的な人権と平等と公正への基本的な責任、殺人兵器をまた作って人の命を奪うよりも、空腹な胃袋を満たすことで命を救う方がいいという信念。それは、この取引が、人類史上屈指の破壊的で腐敗した取引が、今のまま、ほとんど無秩序で、精査されない状態で続いているのを許してはならないと要求している。」

「絶えず拡大し高度になっていく武器取引は、戦争や紛争を焚きつけ、長期化させる。兵器産業とその行き過ぎた影響力のせいで、われわれの政府が戦争を行うのは簡単になっている。兵器の広がりと性格、そして入手可能性は、組織犯罪も増大させ、過去20年間、世界中で大幅な増加を見せている。」[2]

日本は憲法9条の下で、「武器輸出禁止3原則」の政府方針を維持してきましたが、2014年4月1日に安倍政権は「防衛装備移転3原則」を閣議決定し、武器の輸出と国際共同開発を解禁しました。日本企業が、政府の後押しを受けて、兵器の製造・輸出に本格的に参入することになったのです。閣議決定直後の6月にパリで開催された世界最大規模の軍事兵器見本市であるユーロサトリに、日本は初めて展示パビリオンを持ちました。[3]

２０１５年には防衛省は外局の防衛装備庁を発足させ、１８００人の職員、５兆円近い防衛予算全体の3分の1以上を振り分けて、武器輸出の拡大、研究開発、調達推進に邁進《まいしん》させることになりました。武器輸出を経済成長戦略に位置づける政府の注力ぶりが見られます。[4]

防衛装備庁の発足後まもなく、国内初の戦争兵器国際展示会 MAST Asia15 が開催され、三菱重工、川崎重工、日立製作所、富士通など国内の大企業13社のほか世界39か国から３７９５人が参加しました。毎年開催のこの武器展示会は、以来隔年で日本で数千人規模で大々的に開催されています。２０１４年の閣議決定以来、こうした兵器見本市への日本企業の参加はきわめて活発になりました。[5]

「防衛装備移転3原則」の「防衛装備」とは軍事兵器のことで、「移転」とは輸出のことを言い換えた名称です。実態をカモフラージュする用語を使いながら、内実は世界のどこかで人を殺し、町を破壊する兵器の輸出を促進する閣議決定をしたことにほかなりません。

パキスタン、アフガニスタン、イラク、イエメンなどでの２００９〜15年のドローン無人機攻撃による民間人の死亡者は64〜１１６人、戦闘員の死者は２３７２〜２５８１人と当時のオバマ政権は発表しました（CNN News ２０１６年7月2日)。

ネバダ州の荒涼とした砂漠地にある米国空軍基地は、パキスタンやアフガニスタンでの米国のドローン無人機攻撃の操縦が行われているところです。

２０１５年3月、私は米国と日本や他の国の仲間たち50人ほどと、この空軍基地の入り口前で市民的不服従非暴力アクションに参加しました。

朝8時、職員や操縦士が車で空軍基地の建物に入って来ます。すでに基地の上空では、ドローンが試行運転を始めて飛び交います。私たちは、米国のドローン攻撃で殺された子どもたちの名前と年齢と殺された日を書いたプラカードを首から下げて、入り口付近の道路脇に立ちます。そして今日の非暴力不服従行動に参加し逮捕される用意のある人たちが、ゲート前に座り込みます。操縦士たちが基地に入り任務に就くことに抗議する意思表示です。すぐにポリスがごぼう抜きにかかり、全員が排除、逮捕されました。抗議に加わる市民は感情的になってポリスと小競り合いを起こさないように非暴力トレーニングを受けたうえで行うアクションです。

午前中の非暴力抗議行動が終わると、私たちは、ハイウェイを2時間ほど行進して北上し、ネバダ核実験サイトへ向かいました。１９５１～92年のアメリカの核実験９２８回が行われた場所で、実験に携わった兵士、風下の町の住民に多くの甲状腺がんが発症しています。

37年前の１９８２年4月にここで、初めての「ネバダ砂漠経験」(Nevada Desert Experience)

という非暴力の平和アクションが開催され、参加しました。その頃私は生後3か月の息子を連れてニューヨークでの核廃絶世界百万人大集会に向けた7か月にわたるアメリカ大陸平和行進のオーガナイズをしていて、母乳をあげながらの行進でした。

「ネバダ砂漠経験」はその後何度も開催され、しだいに参加人数も多くなり、国会議員や有名な映画俳優なども参加するようになりました。５年後には２０００人が見守る中で４００人が逮捕される抗議行動となりました。

２０１５年のドローン基地での非暴力アクションの後、36年ぶりに「ネバダ砂漠経験」に参加し、かつてとまったく同じ場所で１００人ほどの人たちと座り込みました。思えば、ガンジーの提唱で始まったサチャグラハ（非暴力不服従行動）のトレーニングを36年前にここで初めて受けたことが、私にとって、暴力とは何か、暴力に対抗し得るものは何かを深く思考するようになったきっかけでした。

今現在、中東諸国の紛争で、イエメンで、シリアで、アフガニスタンで、パレスチナで、子どもたちを殺傷している兵器を輸出しているアメリカやイスラエルの「死の商人」に、日本が仲間入りしたことをあなたはどう思いますか。今後、軍需産業として急成長していくことが予想される企業を支えるために、防衛装備庁が発足し、あなたの税金が使われていることをどう考えますか。

●注

1 「体罰の６つの問題性」については、以下の本でも論じています。
森田ゆり『しつけと体罰――子どもの内なる力を育てる道すじ』童話館出版、２００３年
森田ゆり『子どもと暴力――子どもたちと語るために』岩波書店、１９９９年（岩波現代文庫、２０１１年）
森田ゆり『新・子どもの虐待――生きる力が侵されるとき』岩波ブックレット、２００４年

2 アンドルー・ファインスタイン『武器ビジネス――マネーと戦争の「最前線」上・下』村上和久訳、原書房、２０１５年

3 池内了、古賀茂明、杉原浩司、望月衣塑子『武器輸出大国ニッポンでいいのか』あけび書房、２０１６年

4 防衛装備庁ホームページ　http://www.mod.go.jp/atla/　２０１９年2月20日アクセス

5 望月衣塑子『武器輸出と日本企業』角川新書、２０１６年

6

戦争とトラウマ

国府台《こうのだい》日本帝国陸軍病院の「病床日誌《カルテ》」

戦争の6つの問題性の「5　戦争に巻き込まれた人々の**身体的、心理的ダメージ**は計り知れない」には、戦争や戦闘が終わった後も長く続く戦争トラウマのもたらす残酷さも念頭に置いています。トラウマ（心的外傷）とは、戦争や災害、体罰や性暴力など、強烈な恐怖体験、あるいは慢性的な不安体験をしたことで、恐れ、不安、悲しみ、罪悪感、嫌悪感などさまざまな感情や身体感覚が記憶とともに凍結した状態と考えるとわかりやすいです。子どもに説明するときは、「まだ治っていない心と身体の傷」と言っています。[1]

トラウマ治療と研究の世界的第一人者のベセル・A．ヴァン・デア・コルクらが、『トラウマティック・ストレス――PTSDおよびトラウマ反応の臨床と研究のすべて[2]』の日本語版への序文で、日本にはドイツなどと比べると戦争トラウマの研究がないこと、日本社会は、戦争記憶に向き合うことを戦後経済の高度成長にすり替えてきたと指摘し、「第二次世界大戦を構成した出来事の真実、起源、およびそれらがもたらした結果についての社会的な論議が一切欠如しているという点で、日本は非常に特異的である。」と書いていたことを覚えています。「一切欠如している」とはずいぶん不正確な表現ですが、この本が英語で出版された1996年時点では、特に彼と同じ精神医療分野からの研究はほとんどなかったと言えましょう。

のちに述べる故本多立太郎さんの「戦争出前噺」を応援し始めた2000年の頃、日本の戦争トラウマについての研究をリサーチしたのですが、確かにわずかでした。ロバート・J・リフトンの『死の内の生命――ヒロシマの生存者』[3]は有名ですが、アメリカの精神分析医の仕事でした。日本原水爆被害者団体協議会の社会調査を企画した社会学者の石田忠らは、戦後一貫して被爆者とともに歩みつつ研究する姿勢を崩すことなく、優れた記録を残しました。石田の『反原爆――長崎被爆者の生活史』[4]『原爆体験の思想化――反原爆論集1』[5]他は、被爆者の生き残った罪悪感の苦悩の大きさを明らかにしています。

一方、精神科医の野田正彰の『戦争と罪責』[6]は、旧日本軍軍人への聞き取りを通じて、彼らが自らの加害行為についてどう認識しているかを明らかにすると同時に、戦争神経症についてもふれていました。

障害児教育研究の重鎮として知られる教育学者の清水寛は、戦時下の戦争神経症の専門治療機関だった千葉県国府台陸軍病院の８００２人の病床日誌（カルテ）を分析して、『日本帝国陸軍と精神障害兵士』[7]を著し、元日本軍兵士のトラウマ研究の端緒を開きました。同書では、「戦争神経症」となって、病院に送られた人数・病状の内訳などが詳細に述べられています。そのほとんどが、20歳前後の若者であり、入隊後すぐに発症した者が多いこともわかります。

「戦争神経症」は、今日では「戦闘ストレス反応」「戦争後遺症」とも呼ばれ、戦争における外傷体験によって、ＰＴＳＤ（心的外傷後ストレス障害）に罹患していることを意味します。国府台陸軍病院の病床日誌の分析で、清水は、１３７２人が戦争神経症を患っていたこと、そしてその原因を次の６つに類型化しました。

1　戦闘行為での恐怖・不安によるもの（戦闘恐怖）
2　戦闘行動での疲労によるもの（戦闘消耗）
3　軍隊生活への不適応によるもの（軍隊不適応）
4　軍隊生活での私的制裁によるもの（私的制裁）
5　軍事行動に対する自責感によるもの（自責感）
6　加害行為に対する罪悪感によるもの（加害による罪悪感）

病床日誌には本来徴兵を免れるはずの知的障害のある人500人が含まれていました。今まで畑を耕したり、魚を捕ってのんびり暮らしていた若者が、突然異国に送られ、人殺しを命ぜられ、古参兵から制裁を受けたのですから、ＰＴＳＤを発症するのは当然とすら言えます。彼らが、軍隊でも、病院でも、そして故郷でも、「兵隊にすらなれなかった弱虫」、あるいは「役に立たない非国民」として排除されていた実態も浮かび上がらせています。清水は、この本の出版当時も入院し続けていた元兵士のインタビューによる貴重な証言を記録しています。[8] 残念なことにこのすぐれた研究報告書は、絶版になっています。

しかし、２０１６～17年に、清水は細渕富夫、中村江里とともに、国府台陸軍病院と新発田陸軍病院の病床日誌を編集復刻した3巻の『資料集成 精神障害兵士「病床日誌」』（２０１６年）[9]を刊行しました。

体罰と戦争に共通する暴力の集団的心理について研究してきた筆者としては、本書第2章で紹介した山本七平が『私の中の日本軍』で強調した陸軍内での新兵いじめ・体罰・制裁によるトラウマはどのようなものだったのかに特別な関心があります。ここで清水が指摘した戦争神経症の6つの類型のひとつに「軍隊生活での私的制裁によるもの（私的制裁）」があります。

今日的に言えば、軍隊内のパワハラ、セクハラ、体罰の実態とその影響としての自殺や脱走、PTSD罹患《りかん》ということになりますが、編集復刻された病床日誌のこれからの分析研究の課題に、陸軍内での体罰・制裁の影響を加えていただくことを期待します。

沖縄戦のトラウマ

沖縄戦・精神保健研究会編『戦争とこころ――沖縄からの提言』[10]は、精神医療分野からの日本の戦争トラウマ研究の欠如という現状を大きく変えることになる優れた研究です。同書の中の「敗戦から67年目にみた戦争トラウマ」では、沖縄戦体験高齢者に2012年度に実施した大規模な戦争トラウマの調査の結果、39・3％の人々がPTSDに匹敵するトラウマ・ハイリスク群と判定されたことが報告されています。実に4割の沖縄の高齢者が、戦争から67年たっても不眠やうつ、戦時記憶のフラッシュバックに苦しんでいるのです。わが国唯一の地上戦となった沖縄戦は、米軍側の戦史が「ありったけの地獄を一箇所にまとめたような戦闘」と記したほどの壮絶悲惨な攻防戦でした。[11]

加えて戦後も今日に至るまで米軍基地の重圧に苦しんできた沖縄では、頻繁に起きる米兵の暴力事件や交通事故、早朝から深夜までの米軍機の轟音《ごうおん》によって、沖縄戦争体験者たちはトラウマ記憶が癒やされる暇《いとま》がありません。この研究の代表者である當山冨士子は、1990年代の保健婦時代から戦争PTSDなどの聞き取り調査を行ってきました。沖縄戦で最も激戦地となった本島南部のA村（人口約7000人のうち35・8%が沖縄戦で死亡）で、當山らが1990年に実施した調査で、戦争のトラウマを把握した34例についての報告から、その1事例を引用します。

「男性　当時40歳　外傷性てんかん疑い　戦時中、隣の壕に入り込んできていた日本兵に、盗みの疑いで頭や体を殴打され、半殺しの目にあい意識を失った。家族やまわりの人たちは止めるのも恐ろしく、ただ手をこまねいて黙って見ているより他はなかったとのことである。命は取り留めたものの戦争末期より1日数回のけいれん発作が出現した。危ないとのことで戦後は村外に外出したことはほとんどない。」[12]

本土防衛の捨て石としての国策のもとに、4人に1人の民間人が死亡するという熾烈《せんれつ》な地上戦に巻き込まれた沖縄の人々は、戦後も沖縄本島の20％が米軍基地、日本の米軍基地の75％を押しつけられる生活を強いられてきました。

沖縄の女性にとって終戦は、新たなトラウマの始まりだったと、同書の中で、高里鈴代（元那覇市議会議員）は書いています。沖縄の米軍兵士による暴力、とりわけ性暴力被害者の相談を受けてきた高里は、軍隊という構造的暴力における女性の人権蹂躙《じゅうりん》の現実を世界へ向けて発信し続けてきました。高里ら「基地・軍隊を許さない行動する女たちの会」が、１９９６年以来作成し更新し続けている年表「沖縄・米兵による女性への性犯罪」は本土では知らされていない膨大な数の強姦、輪姦、殺人事件が止むことなく起き続けてきた沖縄の苦渋の戦後を明らかにする貴重な資料です[13]。

精神科医の蟻塚亮二は、前掲書の中の「沖縄戦によるストレス症候群と統合失調症増加の考察」で、高齢者の奇妙な不眠から晩発性ＰＴＳＤを見つけた研究を報告しています。

「この過覚醒不眠は、夜間に頻繁に覚醒するものの生活能力は必ずしも低下していなかった。この特徴的な不眠を呈する患者さんに『沖縄戦の時はどこにおられました』と聞いた。すると、彼らが子どものころに戦場を逃げ歩いた体験者であることがわかった。彼らには覚醒不眠のみならず、戦時記憶の増大や、不安発作やパニック発作、解離性もうろう、慢性の体の痛み（身体化障害）などの症状が認められた。」

そこから「沖縄戦トラウマについての簡単な診断指標を作成し、患者に質問していくと、そうした事例はまたたくまに100を超えた」と書いています。

「当時9歳だった女性は、米軍機やオスプレイが飛ぶと、今でもその音が怖いという。掃除機の音は、上空から急降下してくる戦闘機の音を連想させるので、怖くて使えない。新聞やテレビを見ていて時に何を見、何を聞いたかわからなくなる。夜の8時をすぎると気持ちが寂しくなり、『あの日』を思い出して涙することがある。急に動悸とめまいに襲われることがある。」

「『沖縄の精神衛生実態調査報告書〈1966年〉[14]』において精神疾患有病率が本土よりも2倍、統合失調症は本土（0・23）に対して沖縄（0・82）と、3・6倍も高かった。特に統合失調症については精神医学の常識を超える『ありえない数字』であり、『本土』と異なる原因としては沖縄戦ストレス以外に考えられない。」として、そのことを支持する見解を展開しています。蟻塚医師は、沖縄でのＰＴＳＤ診療経験を生かして、その後、福島で災害・原発事故のＰＴＳＤ診療に従事されています。

なぜ日本では戦争トラウマ研究が忘却されたか

２０１７年に出版された『戦争とトラウマ――不可視化された日本兵の戦争神経症』[15]は、なぜ戦争トラウマが日本では戦後長らく忘却されてきたのかという、まさにその命題に本格的に取り組んだ若手歴史学者、中村江里による意欲的な研究書です。前述した国府台陸軍病院の研究資料の他にも、複数の陸軍病院、民間病院などの資料も探しあて、主として総力戦期における日本軍隊内の精神疾患への対応の特徴を検証し、さらに戦争神経症がどのような文化・社会的構造の下に発現したのかを論じています。

戦後日本における戦争とトラウマの研究が少ない理由として、中村は３つの点を指摘しています。

１　戦争神経症は死の恐怖に耐えられなかった軟弱な兵士であるとの戦時下の日本の精神医療における価値観が戦後も長く引き継がれたこと。

2 「戦中・戦後の組織的な資料焼却と隠匿によって、旧日本軍の戦傷病の全体像を示す統計すら残されていない」

3 傷病兵に関する資料は戦時中から「軍によって厳重に管理されていた」。敗戦によって米軍に押収され、1958年に日本に返却された資料も、防衛省の管轄下にあり、「一般の研究者は1980年代まで閲覧することができなかった」

男らしさ欠如の病《やまい》と見なされた戦争神経症

前掲書の補論、中村江里「戦争と男の『ヒステリー』——アジア・太平洋戦争と日本軍兵士の『男らしさ』」は、「ヒステリー」が西洋の歴史において「女の病」とされてきたことに着目し、戦争神経症が「男のヒステリー」として軍隊内では見下される病であったことを検証していて、興味深い論となっています。

「近代西欧における理想的な男らしさの特徴は、自己抑制、性的抑制、意志の力であり、それらを象徴する調和のとれた健康な精神と身体であり、戦争は男らしさが試される場とみなされてきた。」

中村江里『戦争とトラウマ――不可視化された日本兵の戦争神経症』

（以下、「　」内引用は同書より）

だからこそ、軍隊は近代日本の「男らしさ」を構築するうえで大きな役割を担っていたことを中村は指摘します。

ヒステリーがトラウマに起因する男性にも女性にも見られる病的状態であることを発見したのはフランスの神経学者シャルコーとその後継者ピエール・ジャネらでした。ジャネは1887年に、心的外傷の意味でトラウマという言葉を造語しました。しかし、それから約半世紀後でも、ヒステリーは女の病気という偏見は日本軍の精神科医のあいだでは広く信じられていました。

「精神医学者として戦時下のアカデミズムの中枢に位置していた杉田直樹は、感傷性に富み、些細なことに激しい感情を起こすことを『ヒステリイ性変質』と呼び、『婦人はとかく男子に比して感傷性が先天的に強く、感情的の反応行為が非常に多いから、昔しから之を戒めて、我が国では喜怒色に現はさざるを以って婦徳の上乗としてその修養を教えてゐる』と述べている。」

「杉田は『婦人の生活が段々と欧米化するに伴ひその素質としてのヒステリイ性も国民的に慚次増して来つつあるやうに思はれる』と警鐘を鳴らし、女性解放運動を行う女性や、『貞操観念の全然ない』女性の登場は、『ヒステリイ性の跋扈』であり、『呪ふべき戒むべきこと』であると断じた。」

一方、戦争中「戦争とヒステリー」に関する大衆向けの言説を発信した精神科医で美術評論家の式場隆三郎は、性差よりも日本人の「民族的優越性」を強調したことを記しています。「ヒステリーは大体西洋に多い病気です。日本には割合少いのです。これは日本婦人が欧米に向かって、大いに誇っていいことだと思ひます。日本の婦人は長い間の訓練でヒステリーを起こさない強い神経を持ってゐるものです。」「日本には今まで戦場で兵士がヒステリーになったという報告はありませんし、銃後の女達が続々ヒステリーになったこともありません。」と、ヒステリー（神経症）の存在を否定してしまいます。

式場の言説に反して、「実際には日中戦争以降、精神神経疾患の軍人の専門機関だった国府台病院をはじめとする内地の陸軍病院に精神神経疾患患者が収容されていた。その中でもヒステリー（戦争神経症）がかなりの高率を占めていた」のです。

「軍隊におけるヒステリーは、侮蔑的な眼差しを向けられる存在であった。国府台陸軍病院の軍医であった細越正一は『ノイローゼ』『ヒステリー』という言葉の与える侮蔑的な印象は、更に軍隊においては罪悪的な響きを加えていた」と述べている。

「杉田直樹のような優生学的言説においては、ヒステリー患者のような『病的素質者』は、国家の前途に災いをもたらす存在でもあった。」

「戦時中、傷痍軍人下総療養所に勤務していた井村恒郎は、『それにしても、戦争神経症にかかった兵隊の姿というものは、いかにも愚かしく、女々しく、一種異様な不快な印象をひとに与えた。戦争神経症におちいつた兵隊の言動は、軍人として失格した者、という以上に、一人まえの人間でなくなった者の印象をあたえるのである』と戦後回想している。」


このように戦争神経症患者への無知と偏見と嫌悪感とが、戦後になっても根強く存在したが故に、患者の苦悩に耳を傾ける専門家は少なく、また患者も口を開くことができなかったわけです。中村の研究によると、精神医療専門家たちの戦争トラウマ患者への偏見と嫌悪感が、日本の戦後における戦争トラウマ記憶の社会的、あるいは国家的忘却に大きく影響したと思われます。

アメリカ戦争帰還兵のトラウマ

1章で、ベトナム戦争帰還兵としてPTSD症状に苦しみ、それを克服し戦争の罪悪を訴え、日本国憲法9条を大切にしよう、と日本各地をまわって講演を続けた故アレン・ネルソンさんを紹介しました。本書では言及しませんでしたが、PTSDに苦しんだアレンさんの体験は苦悩に満ちたものでした[16]。

イラクとアフガニスタンの戦争から帰還した200万人の米軍兵士の20〜30%、約50万人がPTSDや外傷性脳損傷（TBI：外部から強烈な衝撃を受けた脳が頭蓋の内側でぶつかり引き起こされる心理的な障害）を負っていることが明らかにされています[17]。

米国退役軍人省（US Department Veterans Affair）によって、2016年度の退役軍人の自殺に関する統計が2018年9月に発表されています。[18] それによると、2016年に6079人の退役軍人が自殺をしました。自殺の手段は、銃が多く、69・4％となっています。2016年度の退役軍人の自殺の数値は、一般人おとなと比べて1・5倍高く、一般人男性と比べて、1・4倍高く、一般人女性と比べて1・8倍高いとのこと。退役軍人は毎日約20人が自殺しています。

米国退役軍人省は連邦政府の機関ですが、一方、「常識を求める戦争帰還兵の会」（Veterans for Common Sense）[19]は米軍帰還兵の健康、教育などに関するデータ収集、啓発活動、政策提言などをするワシントンDCに本部を置くNPO団体です。そこがネット上で報告している2014年8月25日の記事によると、自殺した帰還兵は毎日30〜35人と推定され、その数は戦場で死亡する兵士の数を超えています。

デイヴィッド・フィンケル著『帰還兵はなぜ自殺するのか』には、戦争トラウマを負ったアメリカの帰還兵たちの多くもまた、男らしい強さを維持できなかった自分を責め続けることが書かれています。爆弾の破裂による後遺症の他に、戦友が目の前で死んだこと、自分の出した指示によって部下が死んだこと、子どもや女性を殺したことなどの精神的打撃によって、「悪夢を見、怒りを抑えきれず、眠れず、薬物やアルコールに依存し、うつ病を発症し、自傷行為に走り、ついには自殺を考えるようになる。そうなったのは自分のせいだ、と彼らは思っている。自分が弱くて脆《もろ》いからだと思っている。」[20]

同書に登場する帰還兵のひとり、アダム・シューマンは、ＰＴＳＤ症状に苦しみ、妻との関係も崩れそうになる中で、カリフォルニア州にある戦争トラウマ専門の治療施設パスウェイ・ハウスでのグループセラピーでＰＴＳＤを克服します。このＮＰＯ団体パスウェイ・ハウスは２００８年から10年間、効果のあるセラピーをイラク、アフガニスタン戦争帰還兵に提供してきたことでアメリカのトラウマ治療の分野ではよく知られていました。

２０１８年3月に、ここで治療を受けていたひとりの帰還兵が銃を持って侵入し、彼を献身的に治療してきた3人の女性精神科医たちを人質にして、治療施設に数時間立てこもった末、3人を射殺し、自殺するという悲劇が起きました。この事件によって施設は閉鎖を余儀なくされました。

個人的にはなんの恨みもない「敵」を殺すために他国へ行って戦闘に従事し、その過酷さによってＰＴＳＤを発症、生き延びて帰還したにもかかわらず、最も大切な支援者を殺して、自殺してしまう。戦争の愚かしさと無意味さと残酷さを最も象徴的に表している出来事だと思わずにはいられません。
イラク、アフガニスタンからの帰還兵が殺人を犯して起訴されたケースは2014年までで194人もいて、オンラインメディア「ハフポスト」2014年4月9日のニュース「暴発するアメリカの帰還兵」が、データをマップにして報道しています。[21]
私の主催するエンパワメント・センターではこの数年、ミネアポリスの退役軍人病院PTSD治療センターのサイコロジストを招いて、瞑想《めいそう》や身体からのアプローチを使う弁証法的行動療法の研修を主催しています。[22] この研修には子どもの虐待や体罰、DV、いじめの被害者支援や精神医療的治療を専門にする人たちが全国各地から参加するのですが、講義内容は参加者のニーズに合っていて、人気の高い研修として毎年定員オーバーになります。その理由は、帰還兵の多くは戦争で負ったトラウマだけではなく、育ちの中でのトラウマも含めて複合的に抱えているからです。戦争トラウマを負ってしまうような過酷な最前線で戦う兵士たちの多くは、貧困家庭出身の若い志願兵で、家庭や学校、育ちの中での暴力のトラウマを同時に抱えている者が少なくないと講師は説明します。

本多立太郎さんの「戦争出前噺」

戦争のトラウマを考えるとき、いつも故・本多立太郎さんの「戦争出前噺《ばなし》」を思い出します。１９９８年頃から背高女《せいたかおんな》、「ピース with アクション」などの戦争に反対の意思表示をする平和活動を関西を中心に、広島、沖縄、東京などでも展開していた私たちの活動に、ご招待すれば本多さんはいつも参加してくれたのです。当時87歳の同志であり友人でした[23]。

とても87歳とは見えませんでした。立ち居もきびきびしていて、たいへんな早足。一緒に歩くと置いていかれそうです。記憶力は抜群で、なにを聞いても細部に渡るまでよく覚えておられます。そのうえ、とってもダンディーでした。本多さんは１９８６年から２００６年まで20年間、日本全国をまわって「戦争出前噺」を１３１４回、約15万人に届けました。毎回まったく同じ話なのに、毎回、涙なくしては聞けません。

「わたしは、なんらかの政治的な目的や意図があってお話しするのではありません。ただ、私が戦争で体験したこと、そのことだけを話したいです。

なぜ話すのか。ある人が私をして話し始めさせたのです。

それは小さな孫でした。可愛い孫におもちゃをあげたりしているうちに、おもちゃやお菓子はすぐになくなってしまう。何かなくならないもの、もっともっと大切なものをあげたいと思ったのです。」


その大切なもの、それが本多さんの戦争体験でした。

「私にとって戦争とは何かと聞かれたら……」

そう言って本多さんは椅子から立ちあがると、ホワイトボードにこう大きく書きました。

別れ　死

「戦争とは私にとって、この二つのことだけでした。名誉、栄光、誇り、勲章などではなく、ただ別れと死の冷酷な現実だけでした。」

そのあとの噺の中心は、ここで紹介してしまうより本多さんの本『ボレロが聴きたい――戦争出前噺』を直接読んでいただきたいです。噺の最後は、上官の命令で捕虜を殺さなければならなかった出来事のトラウマを語ります。[24]
「そのとき、蒼白な顔をひきつらせ、食い入るように私を見詰めた若者の瞳が、50年後の今も突然夢の中に浮かんできて、深夜思わず跳ね起きることがあります。私の両手についた血は洗って落ちますが、その時の心の傷は生涯消えません。手を下した私が死ぬまで引きうけていかなければならない罪です。しかし同時に、私をしてこの罪を強いた者への怒りもまた消えません。」

おだやかな本多さんの声がここで急に高まります。二度とこのようなことを許さないとの決意にも似た憤怒の炎が感じられるのでした。

本多立太郎さんは、２０１０年に97歳で永眠されました。またひとり、戦争の愚かさを実体験から語れる人を失いました。

●注

1 森田ゆり「MY TREEジュニア・さくらプログラム——暴力被害を受けた子どもの回復」ふりがな付きワークブック、エンパワメント・センター、２０１８年

2 ベセル・A.ヴァン・デア・コルク、アレキサンダー・C.マクファーレン、ラース・ウェイゼス編『トラウマティック・ストレス――PTSDおよびトラウマ反応の臨床と研究のすべて』西澤哲監訳、誠信書房、2001年

3 ロバート・J.リフトン『死の内の生命――ヒロシマの生存者』湯浅信之・越智道雄・松田誠思訳、朝日新聞社、1971年

4 石田忠『反原爆――長崎被爆者の生活史』未來社、1973年

5 石田忠『原爆体験の思想化――反原爆論集1』未來社、1986年

6 野田正彰『戦争と罪責』岩波書店、1998年

7 清水寛編著『日本帝国陸軍と精神障害兵士』不二出版、2006年

8 Buzz Feed News「戦後70年以上PTSDで入院してきた日本兵たちを知っていますか。彼らが見た悲惨な戦場」2016年12月8日掲載記事は清水寛氏へのインタビューで彼の研究を紹介している。https://www.buzzfeed.com/jp/kotahatachi/ptsd-ww2?utm_term=.bnX1eaqKM#.ak9wMV0J5 2018年12月31日アクセス

9 細渕富夫・清水寛・中村江里編『資料集成 精神障害兵士「病床日誌」』六花出版、2016年

清水寛は、障害者及び障害児の戦時下の生活や教育の実態に関しても先駆的研究を著しており、

２０１８年には『太平洋戦争下の全国の障害児学校——被害と翼賛』（新日本出版社）を刊行している。その他の清水の戦争下の障害者に関する研究書には以下がある。
『障害者と戦争——手記・証言集』編著、新日本新書、１９８７年
『忘れられた歴史はくり返す——障害のある人が戦場に行った時代』秋元波留夫と共著、きょうされんＫＳブックレット、２００６年

10 沖縄戦・精神保健研究会編『戦争とこころ——沖縄からの提言』沖縄タイムス社、２０１７年

11 前掲書

12 前掲書

13 高里鈴代・宮城晴美作成「沖縄・米兵による女性への性犯罪」第12版（１９４５年４月～２０１６年５月）、基地・軍隊を許さない行動する女たちの会発行

14 琉球政府厚生局編『沖縄の精神衛生実態調査報告書〈１９６６年〉』沖縄精神衛生協会、１９６９年

15 中村江里『戦争とトラウマ——不可視化された日本兵の戦争神経症』吉川弘文館、２０１７年

16 アレン・ネルソン『戦場で心が壊れて——元海兵隊員の証言』新日本出版社、２００６年
アレン・ネルソン『ネルソンさん、あなたは人を殺しましたか?——ベトナム帰還兵が語る「ほんとうの戦争」』講談社文庫、２０１０年

17 デイヴィッド・フィンケル『帰還兵はなぜ自殺するのか』古屋美登里訳、亜紀書房、2015年

18 米国退役軍人 https://www.mentalhealth.va.gov/suicide_prevention/data.asp 2018年12月31日アクセス

19 「常識を求める戦争帰還兵の会」Veterans for Common Sense（VCS） http://veteransforcommonsense.org/2012/02/10/us-military-suicides-high-vcs-stats-used/ 2018年12月31日アクセス

20 前掲17に同じ

21 ハフポスト2014年4月9日のニュース「暴発するアメリカの帰還兵」 https://www.huffingtonpost.jp/2014/04/08/map-veteran-murder_n_5115320.html 2018年7月31日アクセス

22 森田ゆり主宰「エンパワメント・センター」公式サイト http://empowerment-center.net/

23 森田ゆり『非暴力タンポポ作戦――ひきわけよう あきらめない つながろう』解放出版社、2004年

24 本多立太郎『ボレロが聴きたい――戦争出前噺』耕文社、1994年

7

マイケル・ジャクソンの思想

——子どもの癒やしは世界の癒やし

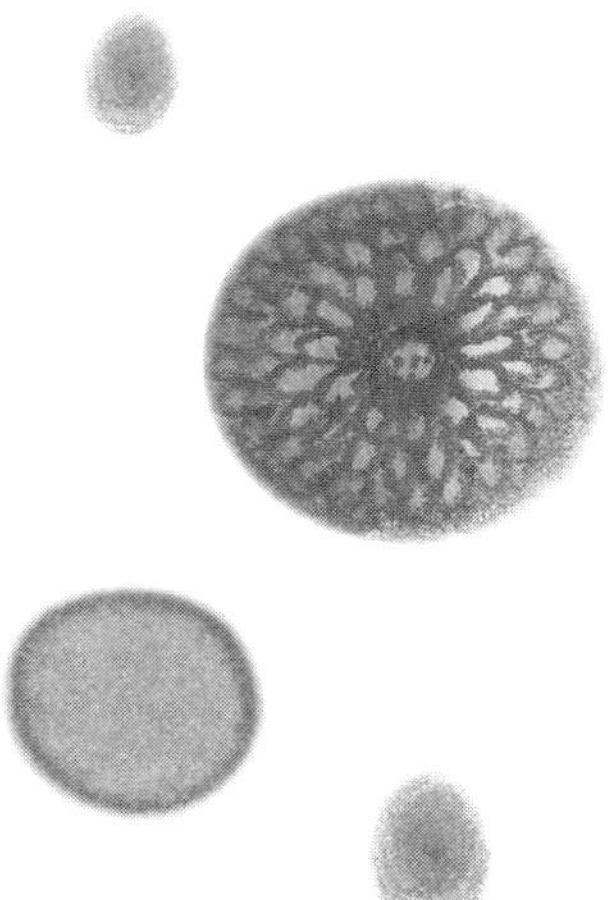

3章と4章では、ヒトラーと宅間守について論じました。どちらも体罰を受けて育ち、そのことによって抑圧された恐れや不安の感情を一生にわたって自分の内に抱え続け、増幅させ、他者攻撃行動の中でしか不快感情を解放することのできなかった人物たち。

同じように体罰を受けて育ちながらも、その不安と悲しみを受けとめてくれる人がいたために、苦悩から解放され、健康な人生を送る人はたくさんいます。統計的にも、その人たちのほうがはるかに多いのです。子ども時代のつらかった自分の体験を生き方の根底に据えて、暴力とは対極の慈しみと愛のために生きることを選んだ人たちは少なくありません。マイケル・ジャクソン（1958－2009年）は、その生き方を選び、徹底して行動し続けた人のひとりです。

マイケル・ジャクソンは、父親からの体罰によって負った子ども時代の深いトラウマを、戦争と貧困と虐待に苦しむ世界の子どもたちを支援するさまざまな行動と、子どもを癒やそう、世界を変えよう、とのメッセージ曲を次々とつくり歌い続けることで、世界中の人を魅了する音楽とエンターテイメントのアートにまで昇華した稀有《けう》な存在でした。

誤解され続けたポップ・スター

ぼくの子ども時代を知っている?
ぼくは子ども時代をずっと探している。
心の落とし物箱の中を探し続けている。
誰もぼくをわかろうとしない。
人々は、ぼくは変だと言う。
ぼくが子どものようにふざけるから。
でも、許して。
人々は、ぼくがまともじゃないと言う。
ぼくはただ、子どものような単純なことが大好きなだけなんだ。
ぼくの運命の埋め合わせをしている。

ぼくの子ども時代を知っている？
ぼくは子どもの頃の輝きを探している。
海賊になった冒険、かんむりを抱く王様の征服の夢。
ぼくを決めつける前に、
ぼくを好きになろうとして、
心の中をのぞいて聞いてほしい。
ぼくの子ども時代を知っている？って。

Childhood（1995）の一部／訳：森田ゆり

彼の死から5年後の2014年になって、私は初めてマイケル・ジャクソンに出会いました。同時代に生きていたのに、マイケルの本質について何も知らなかった長い年月があったことを歯ぎしりするほどに悔しく思います。

なぜ、あそこまで、マイケル・ジャクソンは誤解され続けたのでしょう。

なぜ、あそこまで、マス・メディアは、マイケルを揶揄《やゆ》し中傷する記事を流し続けたのでしょう。ミリオンセールを記録するいくつものアルバムの中で、マイケルが終生にわたって「戦争と不正によって子どもたちが傷つけられていることへの怒りと、子どもを癒やすためにできることをする信念」を世界に発信し続けたのに、なぜもっと多くの人にその声は届かなかったのだろうと、改めて思うのです。

1980～90年代の私のカリフォルニア在住中、小学生だった自分の子どもたちがマイケルの歌と踊りに夢中なのを横目で見ながらも、その歌詞が何を語っているかに注意を払ったことはありませんでした。

6歳の息子が歌っていたMan in the Mirror（1987）のその歌詞が、反戦と非暴力を歌っているとは思いもしませんでした。Black and White（1991）が、It's not about races. Just places. Faces.（人種じゃない、場所だ、顔だ。それだけのことなんだ）と人種差別を訴えているとは思いもよりませんでした。

1991年のアルバムDangerousに収められたいくつもの曲が、米国政府による湾岸戦争へのマイケルの渾身《こんしん》の抵抗であり、子どもの癒やしこそが世界を癒やすとの揺るぎない彼の思想を歌い上げていることを、当時の私は知りませんでした。子どもの癒やしこそが世界を変えるという、彼とまったく同じメッセージを私は仕事や活動で発信し続けていたというのに。マイケル・ジャクソンの時に激しく、時に悲しく、時に辛辣《しんらつ》な変革への叫びは私には届かなかったのです。

冤罪《えんざい》事件

ジョン・レノンが、ボブ・マリーが、スティービー・ワンダーが、社会の不正を見据え、変革のための行動を呼びかける曲を歌って広く支持されていたのに、社会を変えよう、まずは自分から変えようと、1980年代からずっと数多くの曲で歌い続けてきたマイケル・ジャクソンが社会的なメッセージを発信しているとは、知らない人のほうが多かったのです。子ども・ティーン向けの踊りと音楽、軽いポップミュージック、派手なショービジネス——そんなマイケル像を私たちの多くは、マス・メディアから植え付けられていました。

加えて、整形手術はハリウッドのセレブたちならあたりまえのように施術しているのに、マイケルの鼻の整形には揶揄《やゆ》中傷の報道が集中しました。彼は1979年にステージの床に鼻をぶつけて骨折したため、鼻を手術したことがきっかけで整形を始めたと語っています。子どもの頃から父親から「醜い鼻」「デカ鼻」と笑われていたとの見解もよく目にします。

鼻を細く整形し、肌の色を白くしているのは、「白人になりたい黒人」との人種差別的報道がくり返されました。アフリカ系アメリカ人としての強いプライドを持ち、人種差別に抗議する立場を明確に公言していたマイケルにとって、それはどんなにか悔しいことだったでしょう。肌が白くまだらになる遺伝性の尋常性白斑症《はくはんしょう》が進行したため、やむなくメークをしていたことも明らかにされていたにもかかわらず、「白人になりたい黒人」というマイケル像が訂正されることはありませんでした。

そして、１９９３年に少年への性虐待嫌疑が持ち上がりました。事件は、マイケルがネバーランド[1]に迎え入れたたくさんの子どもたちのひとり、その父親が巨額の賠償金目当てに子どもに嘘《うそ》の証言をさせた冤罪《えんざい》事件でした。

１９８０年代にアメリカの子ども虐待防止分野で仕事をしていた私には、それが賠償金をねらった恐喝事件であることはかなり早い時期から推測していました。マイケルは無実を主張したのですが、裁判が７年かかることが予想され、音楽活動に多大な影響を及ぼすという弁護士の助言に従って、１５００万ドル＋訴訟費の和解金を払うことで決着をつけました。それを虐待を隠蔽するための買収行為と報道したメディアは少なくありませんでした。少年はその数年後、歯科医だった父親から麻酔薬を使われて嘘の証言をするよう誘導されたことを公言しました。その父親は、マイケルの死後数か月後に自殺しています。２００３年にもうひとつの嫌疑が持ち上がりますが、これは裁判で無実が証明されました。息子が性暴力を受けたとマイケルを告訴した母親は、過去にも別の有名人に対して同じような訴えを起こしていました。裁判の後、この母親は、生活保護手当をだまし取っていた詐欺罪で刑に服しました。[2]

マイケル・ジャクソンへの性虐待訴訟は、彼の死後も起こされました。２０１６年に30歳の女性が12歳のときマイケルから性虐待を受けたと、マイケル・ジャクソン遺産管理財団を匿名で訴えましたが、裁判所は却下しました。しかし、死後も年収21億ドルと言われるマイケル・ジャクソン財団からばく大な賠償金を得ようとする計画が止まないのは、それが訴訟社会のアメリカでは達成の可能性が十分に有りうることだからなのです。

そして、２０１９年1月25日、独立映画の登龍門として知られるサンダンス映画祭で、Leaving Neverland（ネバーランドを去って）というＨＢＯ（Home Box Office アメリカ最大のケーブル・サテライトＴＶネットワーク）とChannel 4（英国のＴＶ会社）制作のドキュメンタリー映画が上映されたというニュースが、その日のうちに全米を駆けめぐりました。映画はマイケルから性虐待を受けたと遺産管理財団を訴えていた2人の37歳と41歳の成人男性に密着した4時間のドキュメンタリー作品です。2人はそれぞれ7歳と10歳からネバーランドに出入りし、マイケルのCMの仕事などに子役として出ていました。１人はかつての冤罪事件裁判でマイケル側の証人として出廷し、マイケルに性的接触をされたことは一度もないと証言しました。さらにマイケルの死後、TVのトークショーなどに出て、「彼のおかげで自分は人間の良心を信じられるようになった」と発言しています。もう１人は事情聴取の中でマイケルから性的にさわられたことはないと証言しました。しかしその後、２人は２０１３年と２０１４年に、それぞれマイケル・ジャクソン遺産管理財団を子ども時代の性虐待で訴えましたが、どちらも請求棄却判決を受けました。

マイケルにあやかれば必ず話題になり、売れると言われるほど、彼の人気は不滅です。とりわけ今年２０１９年は、マイケルの死後10周年。命日の6月25日をピークに、出版やエンターテイメント業界はどんなマイケルものを売り出すか、他社を横目に虎視眈々《こしたんたん》と準備してきているのです。

マイケル関連の映画、TV番組、出版作品が玉石混淆《ぎょくせきこんこう》出てくるだろうとは思っていましたが、他に先駆けて、こんなにも劣悪なものが登場するとは予想しませんでした。

サンダンス映画祭の観客は、配給会社のエージェントや弁護士が多く、作品の契約のための会談や交渉が活発に展開する映画祭として知られています。今年の映画祭最大のニュースとなったこの作品の上映をめぐって、どんな契約が成立したのでしょう。

マイケル・ジャクソン遺産管理財団は、即座に抗議の声明を出しました。

「マイケル・ジャクソンを搾取し、儲けようとする許しがたい行為だ。（中略）〝ドキュメンタリー〟と銘打っただけの信用性のないタブロイド並みの主張に過ぎない。」

さらに財団は、3月3日からこの作品をテレビで放映するHBOを相手取り、名誉毀損の訴訟を起こしました。

2019年3月20日時点では、ほとんどの米欧豪のメディアがくり返し取り上げ大ニュースになったということで、また、アメリカでの3月3、4日の放映、その後の英国での放映で、高視聴率を得たということで、映画を制作・放映したHBOとChannel 4にとっては期待以上の成果だったのかもしれません。

しかし、この映画は、手法的にも内容的にも、かなりレベルの低い作品です。ドキュメンタリーと銘打ちながら、訴えている2人の男性とその家族などの、一方の声だけでインタビューが構成されており、訴えられている側の声はまったく登場しません。マイケル生前の冤罪事件の際、FBIはネバーランドに出入りしていた100人近くの子どもを査問し、広大な敷地内を微に入り細を穿《うが》って捜査したうえで、性的虐待を示唆するものが何も出てこなかったことを明らかにしました。しかし、この映画では、当時子どもだった人のインタビューはありません。当時、ネバーランドに出入りしてマイケルと親しくしていた少年たち、マッコリー・カルキン（ホームアローンの主演子役俳優）や俳優のコーリー・フェルドマンらは、マイケルから性的な行為は一切なかったことを証言しているのです。一方の側からのアプローチしかないのでは、ドキュメンタリー作品としての最低限の条件も満たしていないことになります。

被害を訴えるこの2人の男性も、かつての冤罪事件では、マイケルの無実を証言したのでしたが、なぜ考えを変えたのか、そのことにすら映画は疑問を向けません。

映画は、2人の男性が少年の頃マイケルから強要されたという肛門性交やオーラルセックスなどをこれでもかと克明に語り、涙と苦悩に顔を歪《ゆが》めての告白が続くので、見ている者の感情に重く食い込んできます。しかし、ゴシップもののチャネルのようにそのほかの内実がないので、4時間も見続けるのが耐え難いものでした。安く作った映画との印象をぬぐえません。普通だったら誰も目を向けない2人の男性の主張に、HBOは商機をかけたのでしょうか。商業用作品としては評価されるはずのない4時間もの性虐待の告白映画は、10周年の命日を目前にしたマイケル・ジャクソンについての猟奇的話題だからこそ、高い視聴率を得たのではないでしょうか。

この新しい性虐待疑惑事件は、今まだ現在進行中なので、これ以上ここで紙面を割くことは避けますが、すでに日本のある主要メディアが基礎的な事実誤認報道をしながら、この映画は見る価値があるなどと書いているので、このことだけは伝えておきます。

私は、子どもの性的虐待被害者の声なき声を支える仕事に、40年近く、アメリカと日本で携わってきた者です。だからこそ、この2人の男性の語ることにたくさんの嘘があることが見えてしまいます。映画放映と同時にされたオプラ・ウインフィリー（米国で最も影響力のあるTV番組司会者・プロデューサー）によるインタビューでの彼らの発言は、児童期性虐待裁判の時効の壁を破ることを想定して注意深く準備されたものであることがわかります。2人はマイケル・ジャクソン遺産管理財団に対して10億ドルともいわれる賠償請求をしていて、たとえ裁判で勝てなくても、もしその10分の1の金額でも示談がまとまれば、一生働かなくても家族を養って余りある金額が転がり込むのです。

しかし、彼らの語りの不一致や不整合がすでに指摘されボロボロと崩れ始めているので、マイケルへの汚名が晴れるのに、そんなに時間はかからないことを願いましょう。

怒りが湧いてきます。

彼を賞賛し、表彰し、礼賛する一方で、彼の嘘をまき散らし、貶《おとし》め、嘲笑することで儲《もう》けるエンターテイメントやマスコミ業界に傷つけられ続けた生前のマイケルの苦悩がほんの少し実感できた気がします。彼には死んでまで、偏見と搾取の手が追いかけてくるのです。

HBOが死体に群がるハゲタカだとすれば、監督兼プロデューサーのダン・リードはハイエナで、2人の男性はまるでハエのようにマイケル・ジャクソンの体を這《は》いずり回り、人間の尊厳を貶め続けるのです。

マイケルは死んでも安らぎを得ることなく、「僕のことをわかってほしい」「僕には子ども時代がなかった」と、歌い続けるでしょう。[3]

キッズ・ヨーガとビリー・ジーンの出会い

2014年、日本の児童養護施設と児童心理治療施設で虐待のトラウマや発達の特性を持つ子どもを対象としてヨーガを教え始めた私は、「アロハ・キッズ・ヨーガ」[4]と名付けた毎週のクラスの中で、一連のポーズを続けて行う太陽礼拝と月礼拝をヒップホップ音楽をバックにしてすることを構想しました。そのＢＧＭ探しに3か月もかけたのですが、意図せずしてマイケル・ジャクソンの「ビリー・ジーン（Billie Jean）」を使うことになりました。ジャクソン5から独立したマイケルの自立の象徴のような曲、そして、その後の世界のヒップホップ音楽と踊りに最大の影響を与えることになる１９８３年リリースの歴史的な曲です。

以来アロハ・キッズ・ヨーガでは毎回、月礼拝をマイケルのBillie Jeanで、太陽礼拝を安室奈美恵のQueen of Hip-PopのＢＧＭでやっています。ちなみにQueen of Hip-Popは、２００５年に日本で最初にヒットしたヒップホップ曲、日本におけるポップミュージックの歴史を刻んだ曲です。

次のようなインタビュー記事を読んで、私は、俄然《がぜん》ワクワクしてきました。

（当時のマイケルのプロデューサー）「クインシー・ジョーンズは、ビリー・ジーンの29秒のイントロが長すぎると思っていた。『マイケル、あれは長すぎるよ。もっと早くメロディーに入らなきゃ』と提案。しかし、マイケルは『でもあれがポイントなんだよ！　あれがあるからこそ踊りたくなるんだよ！』とイントロカットを拒む。（中略）こうして私達が今も、一瞬も目が離せないあの素晴らしいイントロが、温存されたのである。ビートが背骨に響くと同時に、マイケルがマイケルワールドに入っていくあの29秒は、観衆がマイケルワールドに融合するための魔法の29秒とも言えるだろう。」[6]

子どものヨーガクラスでは、この29秒が鍵なのです。イントロの時間を、背筋をすっと伸ばして、深い丹田腹式呼吸をして瞑想《めいそう》する。この全身全霊で集中瞑想する29秒があるから、残りの曲4分間の子どもたちのヨーガの動きがリズムにのる。イントロにこだわってくれたマイケル、ありがとう。感謝です。

ここから私がマイケル・ジャクソンの深い世界を知る旅が始まりました。1日2クラス、週に4日ヨーガクラスを無償で教えている私は、週に10回は、ビリー・ジーンの曲とともに月礼拝をやっていることになります。マイケルの公式ミュージックビデオをネットで見ることに一気に引き込まれていき、以来彼の音楽を聞かない日はないほどです。

従来のミュージックビデオは音楽の背景としての映像でしたが、マイケルはそれをストーリー性のあるショート・フィルムとして確立してこの分野にも革命を起こしました。映画制作に強い興味を持っていたマイケルが多額の予算をつぎ込んで作ったショート・フィルムは、どれも見ているだけでもおもしろく、たくさんの学びがあります。

マイケルの動画や映像を頻繁に見るようになって気がついたことですが、整形後のマイケルの上向きの小さな鼻は、ディズニー映画のピーターパンの鼻とうり二つです。と言うより、ぴったり重なります。彼が鼻の整形にこだわったことに納得がいきました。

マイケルは本気でピーターパンになりたかった人です。ネバーランドを建設し、難病の子どもたち、マイノリティの子どもたち、知人友人の子どもたちを頻繁に招待していました。その建物の壁には、「手を伸ばして星にふれようとする人々へ」と書かれた額がかかっていました。スティーブン・スピルバーグが映画「フック」を制作したときは、その主役ピーターパンを自分にやらせてほしいと申し出たとのエピソードが残っています。

この章の冒頭で引用したマイケルの歌 Childhood の歌詞が思い出されます。

ぼくの子ども時代を知っている？
ぼくには子ども時代がなかった。
人々は、ぼくは変だと言う。
人々は、ぼくはまともじゃないと言う。
ぼくはただ、子どものような単純なことが大好きなだけだ。

子どもの知恵はすごい

マイケル・ジャクソンの著書は2冊あります。ジャクリーヌ・ケネディ・オナシスから懇願されて出版に至った30歳のときの自伝 *MOON WALK* と詩とエッセーの写真集 *Dancing the Dream* です。どちらの本にも特徴的なのは、子どもに対する温かい思いにあふれた映像、詩、文章が満載なことです。

MOON WALK で彼は、自分の音楽は子どもたちにまず聞いてもらいたくて創っていると明かしています。

「子どもたちはなんにでも注意を向けます。疲れを知りません。僕らがもはや感動しないことにも彼らは感動するのです。とても自然で、かつ利己的ではありません。僕は子どもたちと一緒にいるのが大好きです。僕の家にはいつも子どもがたくさんいて、子どもはいつも歓迎されます。子どもたちは僕を元気づけてくれるのです。ただそばにいるだけで。

彼らは何事も新鮮でオープンな目で見ます。だから、彼らはクリエイティブなんです。ルールに縛られないし、絵は紙の中央に描かなくてもいいし、空は青でなくてもいい。人を受け入れます。彼らが要求することは、分けへだてなくあつかってほしい、そして愛してほしいということだけです。」

「僕は出会う子どもたちのインスピレーションでありたい。子どもたちに僕の音楽を好きであってほしいのです。彼らに認められることは、ほかの誰よりも意味があります。どの音楽がヒットするかを知っているのは、いつだって子どもたちです。」

「言葉もまだ話せない幼児にもリズムがあります。たくさんの親たちが、彼らの幼児たちは『ビートイット』の曲を知っている、『スリラー』が大好きなんだと言いに来てくれます。」

「私はツアーの最中、子ども病院や施設をよく訪問します。病気の子どもたちに話しかけ、話を聴くことで、彼らが喜んでくれることが僕をとても幸せにしてくれるんだ。」

「子どもたちは偉大です。もし僕が子どもを助け、楽しませることだけのために生きるとしても、それで僕は十分なのです。子どもたちは驚くべき人々です。すごいんだ。」[7]

MOON WALK, Harmony Books（1988）の一部／訳：森田ゆり

ジャクソン5としての最後のツアーとなったビクトリーツアー（1984年7月から3か月間）の開始直前にマイケルは記者会見を開き、ツアーのマイケル分の報酬のすべてをチャリティに寄付することを発表しました。それは、11歳のファンの少年からジャクソン5とプロモーターたちは「身勝手でお金を稼ぐことばかり考えている」と非難の手紙が届いたためでした。マイケルはその少年をダラスでのショーにVIPで招待しました。自伝では、そのことについてはふれていませんが、次のような記述があります。

（このツアーの最中）「僕にとって最高だったのは、観客の中に子どもたちを見ることでした。毎晩、たくさんの子どもたちが正装して来てくれました。すごく興奮していました。僕はあのツアーでは本当に子どもたちから感銘を受けたのです。いろんな民族、いろんな年齢の子どもたちに。

世界中の人々を愛と音楽でつなぐというのが、子どもの頃からの僕の夢でした。僕は今でもビートルズが歌うAll You Need is Loveを聴くと、鳥肌が立つんです。僕はいつも歌が世界を賛美する歌であることを願っているのです。」

ひとりの子どものファンレターに誠実に答えるマイケルのこの行動は、「子どもの知恵はすごい」という彼の子ども尊重の思想を体現した出来事でした。

写真集 *Dancing the Dream* では、46編の詩やエッセーの内、なんと30編が子どもについて語っています。

「子どもたちの遊びの微笑みの中には聖なるものがある（中略）子どもたちは一緒にいるだけで私たちを深いいのちの叡智につなげてくれる。今日のように、世界が混乱し複雑になっている時代にはとりわけ子どもたちの存在が大切だ。彼らの自然な知恵が、私たちの心の中で発見されることを待っている解決を教えてくれるだろう」

「私たちの内なる傷ついた子どもを癒さなければなりません。今日の混沌、絶望、無意味な破壊は人々が互いに疎外され、自然環境からも疎外されているからにちがいありません。この疎外はしばしば子ども時代の傷つけられた心に根を持っています。子どもたちから子ども時代が盗まれてしまったのです。子どもの心は、ミステリー、魔法、驚き、そして興奮の栄養を必要とします。私は人々が自分の内に隠れている子どもを再発見する手伝いを仕事としたいのです。[8]」 *Dancing the Dream*, Doubleday（1992）の一部／訳：森田ゆり

宮沢賢治との共通点

マイケルは、子どもの幸福と地球の健康を願ってやみませんでした。そのピュアな理想主義と人道主義は、多くの金持ちセレブの慈善行為とは次元の異なるものでした。子どもと地球が傷つく現実に身を切られるように反応する彼の感性は、子どものための独創的なチャリティ、音楽表現、組織活動、講演活動を通して、子どもを忘れないで、子どもを癒やそう、子どもと一緒にいてあげてと、終生くり返し発信し続けた原動力でした。

子どもたちの痛みと苦しみに対しての生理的とも言える共感性は、宮沢賢治の感性を思い起こさせます。「世界全体が幸せにならなければ自分の幸福はありえない」と言って、弱肉強食世界を悲しむ「よだかの星」や「虔十《けんじゅう》公園林」のような童話作品を多数生み出した宮沢賢治は、マイケルと同じように、ピーターパンが夜の空を飛ぶように、ときどき子どものようになって夜の岩手山を星空に向かって駆けめぐる「変わり者」とも見られていました。

1991年湾岸戦争の年にリリースされたWill you be there? は聴くたびに、人を信じ、人とつながり、戦争を憎み寛容を願うマイケルの心がひしひしと伝わってきます。「ヨルダン川のように私を抱き抱えて」とアラブの人々に手を差し出して許しを乞う。「忠実に行動せよと彼らは言う。倒れても進み、最後まで戦えと。でも、ぼくはただの人間なのだ」と軍隊を嫌い和解を願う。「ともに約束の地に行こう、きみはぼくと一緒にいてくれるか?」と、渾身《こんしん》の思いで歌います。

1987年に世界中で大ヒットしたMan in the Mirror（鏡の中の男）は、比喩も隠喩も使わずただストレートに、よりよい世界のために変革を起こそうと歌い続けます。マイケルの作詞ではありませんが、彼の揺るぎない信念を歌い上げています。公式ショート・フィルムでは、マルティン・ルーサー・キング牧師、デズモンド・ツツ神父、ジョン・レノンとオノ・ヨーコのピース・メッセージ、マハトマ・ガンジー、マザー・テレサ、ジョン・F・ケネディ、銃弾に倒れたロバート・ケネディなどの映像が、ホームレスの子どもたち、アフリカの飢える子ども、戦場の兵士たち、クー・クラックス・クラン[9]、核爆発のキノコ雲などのイメージのあいだに映し出されます。そして、最初から最後まで、たくさんの子どもたちの映像。この曲の売り上げのすべてを彼は小児がんの子どもたちの団体に寄付しました。

ソフトな声で始まる「世界をより良いところにしたいのなら、自分を見つめて、自分から変えよう」というマイケルのストレートな呼びかけ。何度も何度もくり返される「鏡の中に映る男、自分から変化を起こしていく」のリフレインがしだいにクレッシェンドになっていき、まるでベートーベンの第九交響曲「歓喜の歌」の最後の大合唱のくり返しのように、聴く人の心に押し寄せ迫ってきます。マイケルの魔術師のような高度な音楽性の極みに心も体も圧倒されてしまうのは、私だけではないはずです。


人生に1回だけでいい、変化を起こそう。

歩き方を変えるだけでもいい。

そこのきみ、ただ流されるままに生きるのをやめて。

自分を信じて。

stand up 立ち上がれ、stand up 立ち上がれ。

change 変わろう、make change 変えよう。Man In the Mirror（1987）の一部／訳：森田ゆり

このstand upは、1975年にボブ・マリーが、母国ジャマイカの抑圧されてきた同胞たちに向けて歌い、世界の若者たちを立ち上がらせたあの有名なget up stand up for your rightsを彷彿《ほうふつ》とさせて、当時、立ち上がったひとりでもあった私は、聴くたびに全身が総毛立ちます。「400年の隷属から自分の権利のために、立ち上がろう」とボブ・マリーはリズミカルに歌い、人々は踊りながら立ち上がりました。一方、マイケルはstand upとchange! の大合唱の興奮の後に、1拍を置いて、聴く者の心に忍び寄るような小さな声で、「変化を起こそう」とささやきかけるのです。

「世界を変えたいのなら、あなた自身が変化changeとなりなさい」と言ったガンジーの言葉が思い起こされます。

「子どもをケアしよう」と呼びかける数々の名曲

We are the Worldは、1985年に、アフリカの飢餓を救うチャリティとして、マイケル・

ジャクソンとライオネル・リッチーが作詞・作曲し、ボブ・ディラン、ダイアナ・ロス、レイ・チャールズ、ポール・サイモン、ティナ・ターナーをはじめとする45人の世界のスーパースター歌手が一堂に集まりレコーディングをしたという歴史的出来事でした。3月に全米でリリースされ、翌月には世界で発売、瞬く間に20世紀のポップスを象徴する音楽となりました。

この曲の歌詞にも、マイケルが自由の中でくり返し訴え続けるメッセージが歌われています。最も苦しんでいる子どもたちに手を差し伸べよう。持てるものを分かち合おう。愛を分かち合おう。それは何よりも自分のためにすることなんだと。

今こそ、その呼び声に耳を傾けるとき。
世界がひとつになるとき。
人々が死んでいっている。
今こそ、いのちに手を差し伸べるとき。
最高の贈り物をするとき。
誰かがいつかなんとかするさ、と
きのうもきょうも素知らぬふりをすることは、もうできない。

私たちは神の大家族の一部だ。
真実は、そう、愛こそが必要。

私たちは世界。
私たちは子どもたち。
私たちはひとつ。
私たちがより明るい日をつくる。
だから、分かち合いを始めよう。
私たちが選ぶ行動。
自分の命を救うために
より良い明日をつくる。
あなたと私とで。（後略）

We are the World の一部／訳：森田ゆり

マイケルの「分かち合おう」とのメッセージが多くの慈善チャリティの呼びかけと違うのは、「自分のためにする」「自分の命を救うためにする」という視点を常に揺るがなく持っていることです。まるで確認するかのようにその歌詞部分は彼自身が歌っています。このとき27歳のマイケルのこの思想は、死ぬまで変わることなく彼の音楽と生き方に表現され続けました。

We are the World は、21世紀の今日、世界各地の学校で子どもたちによって歌い継がれる平和と分かち合いのクラッシックとなりました。

Heal the World（1991）の公式ショート・フィルムの映像は、中東の戦場の子どもたち。薄暗い病室のベッドの上の負傷した子ども。外では戦車のまわりで少年たちがサッカーボールを蹴っている。ひとりの5歳ぐらいの少女が一輪の花を持って、アサルトライフル（全自動射撃機能を持つ自動小銃）をかまえて戦車のまわりに立つ兵隊たちに向かって走る。子どもに爆弾を持たせて戦車に体当たりさせる自爆事件が起きているこの戦場では、子どもも兵士にとっては脅威です。もしかしたら、兵士は銃で少女を撃つかもしれない。緊張のシーン。ほかからも子どもたちが次々と現れる。少女が花を兵士に渡す。兵士はその花の匂いを嗅ぎ、微笑み、銃を捨てる。たくさんの兵士たちが銃を捨て始める。さらに多くの子どもたちが集まってくる。緊張感のある映像をバックに、マイケルは歌う。

きみの心の中の小さな場所、それは愛。
人が死んでいく、もし命が大切なら、
きみとぼくのためにより良い場所をつくろう。

ぼくたちは高く飛べる。
ぼくたちの魂を決して死なせてはいけない。
みんながきょうだいだって感じている。
恐怖のない世界をつくろう。
ともに幸せの涙を流そう。
そうすれば国々は剣を捨て鍬《くわ》を手にするだろう。
ぼくたちはそこに到達できる。

世界を癒やそう。
もっと良いところにしよう。
あなたのために、ぼくのために、

すべての人類のために、
子どもたちのために。

Michael Jackson, *Dancing The Dream*.[10] の一部／訳：森田ゆり

1992年にHeal the World（世界を癒やす）基金をつくり、1992年から93年の1年半にわたる69公演350万人の観客を動員したDangerous World Tour の収益はすべてこの基金にまわされました。壮大なスケールのチャリティです。以下の文は、マイケルがこのツアーを始めるにあたって出したメッセージの一部です。

子どもたちは、すべてのものの中で最も美しく大切な宝物です。

しかし、1分間に28人もの子どもが死んでいっているのです。

子どもたちは、病気・戦争・銃・虐待・放置によって殺される危険にさらされています。

子どもたちには語る権利はほとんどなく、それらを訴えかけるおとなもいません。

子どもたちは世間での発言権がないのです。


神と自然は、ぼくに声を与えてくれました。

今こそ、その声を子どものために使いたいと思います。

基金を設立し、声なき子ども…彼らの声にしたいと思います。

みなさんも、私たちと力を合わせてこの世界を癒やしてください。

親・地域社会・政府、そして、世界中の人々に訴えます。

まずは子どもたちを最優先してください。

最後に、最も大切なことです。

世界中の子どもたちに、こう話してあげたいのです。

きみたちすべては私たちの子どもです。きみたちひとりひとりがぼくの愛すべき子どもです。

Dangerous World Tour のメッセージの一部／訳：森田ゆり

この基金によって、世界の多くの難病の子どもが救済されてきました。

マイケルは世界の子どもを支援するさまざまな団体に毎年ばく大な金額の寄付をしたことで、1999年と2006年にギネス・ブックに「最も多くのチャリティ組織に寄付をした」として掲載されました。その寄付金の総額は500億円とも推定されています。お金を出すだけでなく、ツアーで訪れる町々で彼がまずすることは、子どもの病院や施設を訪問することでした。自宅でもあるネバーランドには、難病の子ども、貧困層の子どもたちを頻繁に招待して、その対応のために多数の従業員を雇っていました。

ノーベル平和賞にも、1998年と2003年の2度ノミネートされています。

非暴力のメッセージ

Beat It（逃げ出せ）が流行った1982年頃を覚えています。当時私はカリフォルニア州オークランドの小中学校を訪れて、人権と暴力防止を教えるCAP《キャップ》プログラムのワークショップをする仕事に就いていました。学校の校庭やストリートで子どもたちがギャングのようなかっこうで「ビートイット、ビートイット」と歌いながらマイケルのまねをして踊る姿を見かけることがあるほどに、たいへんな影響力を持った曲でした。

Beat It のビデオは最初から最後まで恐ろしげなギャングたちがけんかをしたり、ナイフで闘ったり、踊ったりしている中を、マイケルが「ビートイット、やっちまえ」と歌っているギャング礼賛の曲なのだと思って顔をしかめていました。

今になって知ったことですが、マイケルはその曲で、ＣＡＰプログラムと同じ非暴力のメッセージを子どもとティーンに発信していたのです。ギャングどうしの争いで負傷したり死ぬティーンや若者に心を痛めて創った歌だったのです。

自伝 *MOON WALK* の中でこのように書いています。

「Beat It は、学校の子どもたちを想定して創った歌です。僕はいつだって、子どもに受ける音楽を創るのが好きなんです。何と言っても彼らこそが最も厳しい観客だからね。彼らをごまかすことはできないよ。子どもたちは僕にとって最も大切な聞き手なんです。」

「Beat It のメッセージ、暴力は嫌いだ、は僕の強い信念です。歌詞は、不毛な争いは避けるのが賢明だと子どもたちに呼びかけます。」

「やっちまえ」という意味だと思っていた Beat It は、ティーンズのスラングでは、「逃げ出せ、ほっとけ」の意味だったのです。歌詞の中でマイケルは言います。

「マッチョ男はやめろ　血を見たくないだろう」

「死にたくないだろう　そこから立ち去れ　そしてただ、ビートイット　ビートイット逃げ出せ」

ガンジーやキング牧師を尊敬するマイケルは言います。

「僕にとって本当の勇気とは暴力で争わない方法でその状況を変えること、そしてその解決を可能にする知恵を持つことなのです。[11]」

MOON WALK, Harmony Books（1988）の一部／訳：森田ゆり

We've had enough（もうたくさんだ）は、The Ultimate Collection（2004）の中に収められているストレートな反戦歌です。アメリカ・ブッシュ政権が仕掛けた大義すらない戦争、イラク、アフガニスタンへの軍事介入による爆撃への抗議が歌われます。兵士が小さな子どもに銃を突きつけ、子どもの母親が爆弾で殺されるようすを、最初から最後まで重く絞り出すような声で歌っています。ファンのあいだでは高く評価されていても、一般には浸透しなかった歌でした。戦争反対の声を抑圧する力が強く働いていた時代を感じさせます。20万人の民間人が直接の戦闘の中で殺され、さらに80万人が戦争関連で死に、780万人の難民を生んだこの戦争は今も続いています。

（前略）なぜお母さんは殺されたの？
この兵隊さんたちは何のために来たの？
平和のためなら、なぜ戦争になるの？
神様が言ったの？　誰が生きて誰が死ぬかを、決めてよいと。
ぼくのママは、ただ子どもの世話をしていただけなのに。

たくさんの人が死んでいくのを
まるで何も考えていないみたいに見ている。
もう決心するときが来た。

ひとつになって声をあげるときが、
私の声を聞け。
あなたの声を聞け。
私たちの声を聞け。
もうたくさんだ。

We've had enough（2004）の1部／訳：森田ゆり

Heal the World（世界を癒やす）の10年後も、マイケルはCryで同じメッセージを歌っていました。

風に吹かれて震えている人がいる。
友だちのいない人がいる。
待っててくれ。
助けてくれるヒーローのいない人がいる。
そんなことがいつまで続くか、まるで先が見えない。
真実の物語を語れない人がいる。

この曲の公式ショート・フィルムの映像は、カリフォルニアの海岸から始まる人間の鎖。人種も性別も年齢も多様な人々がただ延々と、どこまで続くのか、手をつないで立っています。

きみたちは世界を変えられる。（ぼくひとりでは無理なんだ。）
きみたちは空にふれることができる。（誰か手伝いが必要だ。）

きみたちは選ばれた。（その印を見せてくれ。）
もしぼくらが今夜一斉に叫んだら、
世界を変えよう。

その旗が風になびくとき、
戦争はなくなるだろう
そして、みんなが一斉に声をあげるとき、
ぼくはあなたの祈りに応えよう。

きみたちは世界を変えられる。（ぼくひとりでは無理なんだ。）
きみたちは空にふれることができる。（誰か手伝いが必要だ。）
きみたちは選ばれた。（その印を見せてくれ。）
もしぼくらが今夜一斉に叫んだら、
世界を変えよう。

Cry（2001）の一部／訳：森田ゆり

子どもの癒やしは世界の癒やし

1980年代から一貫してマイケルが訴え続けてきた「子どもの癒やしは世界の癒やし」の信念を、最もストレートにはっきりと伝えているのが、The Lost Children（2001）です。冒頭から、この曲は迷える子どもたちのためだと明言します。そして曲の最後で、マイケルは、「おとなたちに伝えたい」と襟を正して語りかけます。

ぼくらおとなには大事なことがたくさんある。
自分のことが大事と思うことがあるかもしれない。
でも、ぼくらおとなは大事じゃない。
子どもたち、
子どもたち以上に大事なものはない。

子どもたちは未来だ。
世界を癒やすことができるのは子どもたちだ。
子どもと一緒にいてあげてほしい。
元気づけ、助けることがおとなの義務だ。
そして、愛。
子どもが夢を持てるように勇気づけよう。
親として、友だちとして、親戚として、
子どもに良き夢を持たせてあげよう。

The Lost Children（2001）の一部／訳：森田ゆり

この曲を発表した頃、彼はすでに2人の子どもの父親になっていました。1997年に第一子が生まれ出産にも立ち会い、その後2人の子どもたちが加わり、シングル・ファーザーとして3人の子育てに多大な時間を割いていたのです。子どもたちの朝食を作り、夜は本を読んで聞かせて、子どもたちと過ごす時間をこよなく楽しんだそうです。上の子2人の母親は、パパラッチに追い回されるセレブの暮らしに耐えきれず離婚したと語っています。

1996年に日本を含む世界35か国58都市をまわったヒストリーツアー以降10年間、マイケルは世界ツアーをしていません。その時期は子育ての真っ最中で、子どもとの時間を優先していたからです。彼にとっては大切な時期だったにちがいありません。子どもたちが10代になった2009年に、最後のツアーと宣言して、7月にロンドンから始まる「this is it ツアー」を企画します。その3週間前、6月25日に亡くなりました。

父親からの体罰を告白

マイケルは、2003年には Heal the Kids 基金を設立し、そのメッセージを広めるために、専門家や著名人を招いて世界各地で、数々の教育活動を企画しました。ニューヨークのカーネギーホールに始まり、ネバーランドでの会議で幕を閉じた一連の活動のエッセンスは、2003年のオックスフォード大学での「子どもと愛」の講演に凝縮されています。2003年と言えば、長男6歳、長女5歳、次男1歳で、子育て真っ最中のときです。

長時間のこのスピーチは、「子どもと愛」をテーマにした極めて完成度の高い講演で、時間をかけてていねいに準備したにちがいありません。マイケルが音楽の演奏やレコーディングやショートフィルムの制作において完璧主義者だったことはよく知られていることですが、講演原稿作成とその実施も完璧でした。

オックスフォード大学の伝統と権威に敬意を示すと同時に、アインシュタインやマザー・テレサに加えて、セサミストリートのカエルのカーミットもここでスピーチをしたことを引き合いに出して、好センスのジョークを交えるところなど憎いくらいに上手です。スピーチの中ほどで、自分の父親への思いを語り、声を詰まらせ泣きました。厳しい体罰のくり返しで、褒めてくれることもなく、愛を言葉で示してくれたことのなかったその父を許そうと努力してきた自分をさらけ出します。聴く者の涙を誘いながらも、あちこちにウイットとユーモアを散りばめて、すべての子どもは愛される権利があるというマイケルの主張は明快に聴衆に手渡されていきました。

しかし、愛された記憶がなければ、心を満たすものを求め、世界中を探し回るようになります。どんなにお金を稼ごうとも、どんなに有名になろうとも、虚しさを感じ続けることでしょう。本当に探し求めているのは、無償の愛、つまり無条件に受け入れられること

です。生まれたときに、享受できなかったものです。（中略）
言うまでもなく、この痛み、怒り、暴力行為の根は探すまでもありません。子どもたちは明らかに、放置されることに激しく怒り、無関心に体を震わせ、認めてほしいと叫び声をあげているのです。アメリカのさまざまな児童保護機関によると、毎年平均何百万人もの子どもたちが、ネグレクトという虐待の犠牲になっているそうです。（中略）
なぜ私が自分の時間や財産の多くを注ぎ込んで「ヒール・ザ・キッズ」の活動を大きな成功にしようとしているのかおわかりでしょう。私は統計の示す冷たい数字に魂をもぎ取られ、心を揺さぶられているのです。私たちの活動の目標はシンプルです。――親子の絆を取りもどし、約束を新たにし、地球の将来を担うすべての子どもたちの歩む道を明るく照らすことです。（中略）
私が本当に欲しかったのは、お父さんです。私に愛を示してくれる父親がほしかったのです。父はただの一度もそれをしてくれませんでした。目をまっすぐ見つめ大好きだと言ってくれたことも、いっしょにゲームをしてくれたこともありませんでした。肩車をしてくれたことも、まくら投げをしたことも、水風船をぶつけ合ったこともありません。でも、4歳のころ、小さなカーニバルで、父が私を抱き上げ、ポニーに乗せてくれたことを覚えています。それはちょっとしたしぐさで、おそらく5分後には父は忘れてしまったことでしょう。しかし、その時、私の心の特別な場所に、父への思いが焼き付けられました。子どもとはそんなもので、ちょっとした出来事がとても大きな意味を持つのです。私にとっても、あの一瞬がすべてとなりました。たった1回の体験でしたが、父に対して、そして世界に対して素晴らしい思いを抱くことができたのです。（中略）

インド建国の父マハトマ・ガンジーが言いました。「弱い者は人を許すことができない。許すことは強さの裏返しである。」今夜、強くなりましょう。強くなるだけでなく、とても困難なことですが、壊れた関係を修復するために立ち上がりましょう。子ども時代に受けた傷が人生にどんな影響を与えようとも、乗り越えなければなりません。（中略）

オックスフォード大学での講演「子どもと愛」[12]／訳：森田ゆり

マイケルは5歳のときから父の指示のもとにショービジネスの世界を全力で生きてきたために、学校へ行き、動物園やディズニーランドで遊び、スポーツに興じるといった多くの子どもがすることをできないで育った自分の子ども時代を、失われた子ども時代と感じ続けてきました。しかし、子ども時代の父からの頻繁な体罰は、失われた子ども時代以上にマイケルの心を深く傷つけてきたものだったのです。マイケルが音楽で世界へ向かって子どもの癒やしを呼びかけるとき、それは自分の心への呼びかけでもありました。

子どもの人権尊重の子育て論

オックスフォード大学での「子どもと愛」のスピーチの冒頭で、マイケルは子どもには無条件に愛される権利があると、7つの権利を提案します。

「すべての家庭に子どもの国際権利章典が取り入れられるように提案します。その条項は、

1 そのままで愛される権利。自ら求めずとも。

2 どんな場合でも守られる権利。

3 かけがえのない存在だと感じられる権利。何も持たずにこの世に生を受けようとも。

4 話を聞いてもらえる権利。たとえおもしろくない話でも。

5 寝る前に読み聞かせをしてもらう権利。夕方のニュースを優先されてしまうことなく。

6　教育を受ける権利。学校で銃弾におびえることなく。

7　かわいがられる対象となる権利。たとえ母親しかかわいいと思わないような顔だとしても。

どの人も、自分が愛される対象であると実感することが、認識の土台、つまり意識のはじまりなのです。髪の色が赤か茶色かを知る以前に、肌の色が黒か白かを知る以前に、どんな宗教に属しているかを知る以前に、自分が愛されていることを実感できなくてはならないのです。（中略）みなさん。私たち人間のすべての認識の基礎、意識の始まりは、私たちの誰もが愛される対象だと実感することです。（中略）

子どもたちの笑い声を新しい歌に。
子どもたちの遊ぶ音を新しい歌に。
子どもたちの歌声を新しい歌に。
おとなたちが耳を傾けている音を新しい歌に。
子どもたちの持つ力に驚き、美しい愛の温もりを感じて、
ともに、心のシンフォニーを創りましょう。

世界を癒やし、痛みを和らげましょう。
そして、美しい音楽をみなさんとともに奏でられますように。」
マイケル・ジャクソン、オックスフォード大学での講演、2001年3月6日[13]／訳：森田ゆり

2018年6月27日、マイケル・ジャクソンの死から9年目の追悼メッセージが家族や友人たちから発信された2日後、父親のジョー・ジャクソンが89歳で亡くなりました。マイケルは、先のオックスフォード大学での講演の中で、自分自身が父親になり、真剣に子育てをしてきたことで、父への感情に変化が起きたこと、そして、父を許すことで心の平安を得ることができたと語りました。そして自分と同じように、体罰やネグレクトをした親を恨んでいるおなたちに向かって、許す努力をしてほしい、あなた自身のために、未来の子どもたちのためにと呼びかけました。

数日前に日本の自宅近くのショッピングモールを歩いていたら、まったく唐突に、Heal the World の曲が流れてきて、足を止めました。マイケルは今も世界の街角に生きている。そう思えて心が温かくなりました。

マイケルの死から10年になります。彼が発信し続けていたメッセージは、音楽界でも引き継

がれています。ビヨンセやレディ・ガガのようなグローバルなトップ・ミュージシャンがマイケルの思想に共鳴し、彼の志を引き継ぎ、それぞれの音楽活動の中で表現しています[14]。なんと大きな希望なのでしょう。

「ぼくたちがあきらめなければ、国々は武器を捨てるよ。そこに到達できるように世界を癒やそう」。マイケルの美しい声が、耳元で何度もリフレインし始めました。

●注

1 1988年にマイケル・ジャクソンが建造した自宅兼遊園地。敷地は1000万平方メートル以上に及ぶ。病気の子どもたちや貧しい子どもたちを招くなどチャリティにも使っていた。

2 Aphrodite Jones, *Michael Jackson Conspiracy*, iUniverse Inc, 2007. マス・メディアの影響で、マイケル・ジャクソンを有罪と思い込んでいたジャーナリストが裁判を傍聴し続ける中で、訴えた家族の嘘に気づき、マイケルの無実を確信するに至る内容のドキュメント。邦訳：アフロダイテ・ジョーンズ著、押野素子訳『マイケル・ジャクソン裁判――あなたは彼を裁けますか？』スペースシャワーネットワーク、2009年

3 Leaving Neverland についてのニュースは、以下を参照。すべて2019年2月23日にアクセス

Trailer. Film is airing in March on HBO　https://www.stereogum.com/2032688/michael-jackson-documentary-hbo-leaving-neverland-trailer/video/
MSNBC　https://www.msnbc.com/kendis-gibson/watch/-leaving-neverland-michael-jackson-doc-stuns-sundance-1432805443837
Rolling Stone　https://www.rollingstone.com/movies/movie-features/leaving-neverland-michael-jackson-doc-sundance-784801/
NBC　https://www.nbcnews.com/news/us-news/michael-jackson-accusers-get-solemn-ovation-sundance-festival-n963076
LA Times　https://www.latimes.com/entertainment/movies/la-et-mn-sundance-michael-jackson-robson-safechuck-20190124-story.html

4　アロハ・キッズ・ヨーガについては、森田ゆり主宰「エンパワメント・センター」ホームページを参照。http://empowerment-center.net/aloha-kids-yoga/
または、同サイトの「エッセー・論文」ページに掲載の「脳神経多様性（Neurodiversity）か自閉症スペクトラムか」及び、「『ＡＬＯＨＡ』はいのちの多様性を讃える言葉」を参照。

5　ジャクソン・ファミリーの5人兄弟による人気音楽グループ（１９６２－90年）。幼かったマイケルも、結成1年後から参加。

6 MICHAEL JACKSON, *"the Life of a Creative Soul"* より Billie Jean 考察。引用部分は森田ゆり訳。http://foreverland2.web.fc2.com/music.html　２０１９年１月１日アクセス

7 MICHAEL JACKSON, Moonwalk, Harmony Books, 1988.

8 MICHAEL JACKSON, *Dancing the Dream*, Doubleday, 1992.

9 クー・クラックス・クラン（Ku Klux Klan：ＫＫＫ）。米国の白人至上主義団体。

10 前掲８に同じ

11 前掲７に同じ

12 「True Michael Jackson のサイトに講演のテキストが掲載されている。マイケル自身のスピーチ音声も聞ける。https://www.truemichaeljackson.com/speeches/oxford-university-2001/ ２０１９年１月１日アクセス

13 前掲12に同じ

14 森田ゆり（連載 Diversity Now! 多様性の今）「ミレニアル時代のフェミニズム――ビヨンセからプッシー・ライオットまで多様なセレブたちがＳＮＳで男社会を揺さぶる」月刊『部落解放』２０１８年９月号、解放出版社

あとがき

いのちを慈しむ知恵を次世代に手渡す

本書の原案は、16年前の2003年に出版した『しつけと体罰』（童話館出版）に書いたわずか8ページの文章だった。出版後間もなく、高名な精神科医で思想家の方から、突然ハガキをいただいた。「『体罰と戦争』いいですね。」と書かれてあった。お会いしたことはなかったけれど、著作などで尊敬していた方だったので、とてもうれしく思った。そのハガキに力をいただいて、その後20ページに増幅して雑誌に掲載し、そして今回、1冊の本にした。

虐待DV分野の専門職研修トレーナーとして、暴力の被害者、加害者へのセラピストとして、そして戦争に反対する一市民として、非暴力（アヒムサ）の実践と理論化を続けてきて40年になる。その間、虐待や体罰や戦争で傷つく子どもたちは減るどころか、増えている。人類はなぜ暴力の悪しき伝統を止められないのか…と嘆きと苛立《いらだ》ちが募る。

しかし、思えば人類は、平和と慈しみの遺産と伝統も持っている。４０００年以上の歴史を持つヨーガもそのひとつだ。

児童養護施設や児童心理治療施設などで暮らす子どもたちにヨーガと瞑想《めいそう》を教えて6年目になる。背筋をすっと伸ばし、深い丹田腹式呼吸のくり返しによる脳訓練としての瞑想《めいそう》を毎日続けることによって、集中力と感情調整力を高める。被虐待のトラウマを抱える子どもたちが多い施設で、子どもの怒りの爆発や攻撃行動が大幅に減り、その効果の速さに驚きの連続である。

インドの中央部の都市、ワルダにあるマハトマ・ガンディーのアシュラム（道場）に滞在したとき、チャルカ（糸紡ぎ）を回した。チャルカは、英国の植民地支配に抵抗する非暴力不服従運動のシンボルである。英国政府による綿製品の市場支配に抗議して、ガンディーはインドの伝統的な手法による綿製品の着用を呼びかけて、英国製品不買運動を行い、断食や行進をリードした。

そして、非暴力不服従行動の思想のサッティヤーグラハを「サッティヤ（Satya）は慈しみ、アグラ（Agraha）は断固とした力を生み出すこと。つまり、真実と慈愛による断固とした力が非暴力である。」と語った。

私は、ヨーガと瞑想を人に教える立場になった今になって初めて、チャルカを回すという行為が瞑想であることに気がついた。チャルカを回すことがサッティヤーグラハの力を強めると説いたガンディーの真意にふれた気がした。

よく知られたガンディーの「社会の7つの罪」は、1925年に獄中で書かれたものだという。

・理念なき政治（Politics without Principle）
・労働なき富（Wealth without Work）
・良心なき快楽（Pleasure without Conscience）
・人格なき学識（Knowledge without Character）
・道徳なき商業（Commerce without Morality）
・人間性なき科学（Science without Humanity）
・献身なき信仰（Worship without Sacrifice）

日本でもアメリカでも、この7つの罪が大手を振ってまかり通っている。政治権力、経済力を持つほんの一握りの人々が、これら7つの罪を罪とも思わないことによって、今、地球の運命は大きな危機に向かって疾走している。

タンポポの花が咲き終わり、白い綿毛《わたげ》をつけた種子のかたまりが風に飛ぶ。7歳だった息子がそのタンポポにふーっと息を吹きかけて種を四散させた。

「シャボン玉みたいだね。」と私が言った。

「ちがう。シャボン玉は消えてしまうけど、タンポポはこうやって種を散らすと、来年たくさん花が咲くよ。」と、息子は言いながら、また別のタンポポの綿毛のかたまりに息を吹きかけた。

2003年にタンポポ作戦を始めた。「戦争も体罰も虐待もDVも、もういいかげんにしてほしい。そのいのちを脅かすあらゆる暴力にNOの声を上げて、いのちを讃歌するために、非暴力のタンポポの綿毛をふーっと四方に吹き散らす」――これがタンポポ作戦だ。大声でなくていい、激しなくてもいい、言葉でなくてもいい。音楽や、踊りや、デモや、映像や、たったひとりのハンストや行進。多様多彩な方法で、自分にいちばんぴったりした表現方法で、タンポポ作戦は綿毛のついた種に「ひきわけよう、あきらめない、つながろう」の思いを込めて、ふーっと吹き散らす。

体罰がエスカレートして虐待になってしまった親たちに、子どもに勝とうとせず、だからと言って負けるのではなく、ひきわけるためのノウハウを教えている。国家間でも同じことが言える。勝ち負けの世界は、スポーツとゲームの中だけにとどめたい。勝つことよりもひきわけることのほうが、ずっと高度のスキルと精神力を必要とする。先達たちが残した叡智《えいち》も活用するといい。ヨーガも、ガンディーのサッティヤーグラハも、マイケル・ジャクソンの「子どもと世界の癒し」音楽も、人類の平和の遺産である。

人と人とが競い合い傷つけ合う暴力と支配の歴史の流れを、いつか私たちは変えることができるだろうか。暴力と支配の歴史が慈《いつく》しみとエンパワメントの文化へ向かって河面《かわも》を輝かせながら大きく蛇行するまで、いのちを慈しむ知恵を、私も次世代に手渡し続けよう。
「ひきわけようつながろうあきらめない」と、タンポポの綿毛を吹き散らしながら。

タンポポや基地の大地にへばり咲き　宗人

子どもの権利条約国連採択　30年目の年に
2019年3月　大阪・高槻にて
森田ゆり

* M.K. Gandhi, *Satyagraha in South Africa*, Navajivan, Ahmedabad, 1111, pp. 109–10.

参考文献

Michael Jackson, *Moonwalk*, Harmony Books, 1988.

Michael Jackson, *Dancing the Dream*, Doubleday, 1992.

Aphrodite Jones, *Michael Jackson Conspiracy: New Edition*, aphroditejonesbooks, 2012.

Megan Stine, *Who Was Michael Jackson?* Penguin Workshop, 2015.

David Finkelhor, *Child Sexual Abuse: New Theory and Research*, Free Press, 1984.
邦訳：森田ゆり『沈黙をやぶって——子ども時代に性暴力を受けた女性たちの証言＋心を癒す教本』（築地書館、１９９２年）所収。

エーリッヒ・フロム『自由からの逃走』日高六郎訳、創元社、初版１９５１年

ミルチャ・エリアーデ『イメージとシンボル』（エリアーデ著作集第４巻）前田耕作訳、せりか書房、１９８８年

A・ミラー『魂の殺人——親は子どもに何をしたか』山下公子訳、新曜社、１９８３年／原書刊１９８０年

ジョン・W・ダワー『容赦なき戦争――太平洋戦争における人種差別』猿谷要監修、斎藤元一訳、平凡社ライブラリー、2001年
ジョン・W・ダワー『アメリカ暴力の世紀――第二次大戦以降の戦争のテロ』田中利幸訳、岩波書店、2017年
ヴァージニア・ウルフ『三ギニー――戦争を阻止するために』片山亜紀訳、平凡社、2017年
アドルフ・ヒトラー『わが闘争 上・下』平野一郎・将積茂訳、角川文庫、1973年
ヘルマン・ラウシュニング『永遠なるヒトラー』船戸満之訳、天声出版、1968年
ヴィルヘルム・ライヒ『ファシズムの大衆心理 上』平田武靖訳、せりか書房、1970年
松本俊彦『自傷・自殺する子どもたち』合同出版、2014年
友田明美『子どもの脳を傷つける親たち』NHK出版新書、2017年
山中恒『靖国の子――教科書・子どもの本に見る靖国神社』大月書店、2014年
水木しげる『水木しげるのラバウル戦記』筑摩書房、1994年
山本七平『私の中の日本軍』文藝春秋、1975年
本多立太郎『ボレロが聴きたい――戦争出前噺』耕文社、1994年
アンドルー・ファインスタイン『武器ビジネス――マネーと戦争の「最前線」上・下』村上和久訳、原書房、2015年
望月衣塑子『武器輸出と日本企業』角川新書、2016年

池内了、古賀茂明、杉原浩司、望月衣塑子『武器輸出大国ニッポンでいいのか』あけび書房、2016年
矢部浩治『知ってはいけない——隠された日本支配の構造』講談社現代新書、2017年
斎藤貴男『戦争経済大国論』河出書房新社、2018年
ベセル・A．ヴァン・デア・コルク、アレキサンダー・C．マクファーレン、ラース・ウェイゼス編『トラウマティック・ストレス——PTSDおよびトラウマ反応の臨床と研究のすべて』西澤哲監訳、誠信書房、2001年
家庭裁判所調査官研修所監修『重大少年事件の実証的研究』司法協会発行、2001年
法務省法務総合研究所編『平成27年度版犯罪白書——性犯罪者の実態と再犯防止』日経印刷、2015年
ロバート・J．リフトン『死の内の生命——ヒロシマの生存者』桝井迪夫監修、湯浅信之・越智道雄・松田誠思共訳、朝日新聞社、1971年
石田忠『反原爆——長崎被爆者の生活史』未來社、1973年
石田忠『原爆体験の思想化——反原爆論集1』未來社、1986年
中澤正夫『ヒバクシャの心の傷を追って』岩波書店、2007年
野田正彰『戦争と罪責』岩波書店、1998年
清水寛編著『障害者と戦争——手記・証言集』新日本新書、1987年
清水寛編著『日本帝国陸軍と精神障害兵士』不二出版、2006年
沖縄戦・精神保健研究会編『戦争とこころ——沖縄からの提言』沖縄タイムス社、2017年

蟻塚亮二『沖縄戦と心の傷――トラウマ治療の現場から』大月書店、２０１４年
高里鈴代『沖縄の女たち――女性の人権と基地・軍隊』明石書店、１９９６年
高里鈴代・宮城晴美作成「沖縄・米兵による女性への性犯罪」年表 第12版（１９４５年4月〜２０１６年5月）基地・軍隊を許さない行動する女たちの会発行
琉球政府厚生局『沖縄の精神衛生実態調査報告書〈１９６６年〉』沖縄精神衛生協会、１９６９年
中村江里『戦争とトラウマ――不可視化された日本兵の戦争神経症』吉川弘文館、２０１７年
デイヴィッド・フィンケル『帰還兵はなぜ自殺するのか』古屋美登里訳、亜紀書房、２０１５年
デーヴ・グロスマン『戦争における「人殺し」の心理学』安原和見訳、ちくま学芸文庫、２００４年
高橋哲哉『「心」と戦争』晶文社、２００３年
ジャン＝ジャック・ルソー『人間不平等起源論　付「戦争法原理」』板倉裕治訳、講談社学術文庫、２０１６年
長谷部恭男・石田勇治『ナチスの「手口」と緊急事態条項』集英社新書、２０１７年
一ノ瀬俊也『銃後の社会史――戦死者と遺族』吉川弘文館、２００５年
西寺郷太『新しい「マイケル・ジャクソン」の教科書』ビジネス社、２００９年
西寺郷太『マイケル・ジャクソン』講談社現代新書、２０１０年
西寺郷太『ウィ・アー・ザ・ワールドの呪い』ＮＨＫ出版新書、２０１５年
エイドリアン・グラント『マイケル・ジャクソン全記録　１９５８－２００９』吉岡正晴訳・監修、ユー

メイド、2009年
坂崎ニーナ眞由美『マイケル・ジャクソンの思い出』ポプラ社、2010年
フランク・カシオ『マイ・フレンド・マイケル——MJ がいた日々』吉岡正晴訳、西寺郷太監修、飛鳥新社、2012年
森田ゆり編著『沈黙をやぶって——子ども時代に性暴力を受けた女性たちの証言＋心を癒す教本』築地書館、1992年
森田ゆり『子どもの虐待——その権利が侵されるとき』岩波ブックレット、1995年
森田ゆり『エンパワメントと人権——こころの力のみなもとへ』解放出版社、1998年
森田ゆり『ドメスティック・バイオレンス——愛が暴力に変わるとき』小学館、2001年（小学館文庫、2007年）
森田ゆり『癒しのエンパワメント——性虐待からの回復ガイド』築地書館、2002年
森田ゆり『しつけと体罰——子どもの内なる力を育てる道すじ』童話館出版、2003年
作・森田ゆり、絵・たくさんの子どもたち『気持ちの本』童話館出版、2003年
森田ゆり『新・子どもの虐待——生きる力が侵されるとき』岩波ブックレット、2004年
森田ゆり『非暴力タンポポ作戦——ひきわけよう　あきらめない　つながろう』（「アレン・ネルソンと森田ゆりの対話」を収録）解放出版社、2004年

森田ゆり『子どもへの性的虐待』岩波新書、2008年
森田ゆり『子どもと暴力――子どもたちと語るために』岩波書店、1999年（岩波現代文庫、2011年）
森田ゆり編著『虐待・親にもケアを――生きる力をとりもどすMY TREEプログラム』築地書館、2018年
森田ゆり『心の応急手当――子どもの虐待をなくすためにあなたのできる大切なこと』ふりがな付き 小冊子シリーズ1 エンパワメント・センター、2007年
森田ゆり『怒りの仮面――傷ついた心の上に』小冊子シリーズ2 エンパワメント・センター、2007年
森田ゆり『ALOHA KIDS YOGA アロハキッズヨーガ』ふりがな付き 小冊子シリーズ3 エンパワメント・センター、2018年
森田ゆり「MY TREE ジュニア・くすのきプログラム――性暴力加害の子どもとティーンの回復」ふりがな付きワークブック、エンパワメント・センター、2018年
森田ゆり「MY TREE ジュニア・さくらプログラム――暴力被害を受けた子どもの回復」ふりがな付きワークブック、エンパワメント・センター、2018年
森田ゆり個人通信「エンパワメントの窓」10~19号、エンパワメント・センター発行、2002~08年
森田ゆり無料メールマガジン「エンパワメントの風」130号、エンパワメント・センター発行、2019年2月

作家、エンパワメント・センター主宰

にヨーガを教えると同時にそのリーダーを養成している。2016年度アメリカン・ヨーガ・アライアンス賞受賞。

2001年、虐待に至ってしまった親の回復プログラム「MY TREEペアレンツ・プログラム」を開発。各地にその実践者を養成し、過去18年間で1138人の回復者を生んでいる。第57回保健文化賞受賞。
2017年に「MY TREEジュニア・くすのきプログラム：性暴力加害ティーンズの回復」「MY TREEジュニア・さくらプログラム：暴力被害子どもの回復」を開発。瞑想訓練をともなう第三波行動療法による子どもの被害、性加害の回復プログラムとして、その実践者研修を実施中。

主な著書に、『子どもと暴力』『子どもへの性的虐待』（岩波書店）、『しつけと体罰』『気持ちの本』（童話館出版）、『沈黙をやぶって』『癒しのエンパワメント』『責任と癒し――修復的正義の実践ガイド』『虐待・親にもケアを』（築地書館）、『エンパワメントと人権』『多様性トレーニング・ガイド』『非暴力タンポポ作戦』（解放出版社）。その他、英・日本語著書・訳書多数。

- エンパワメント・センター公式サイト＋ブログ（無料メルマガ申込先）
  http://empowerment-center.net/
- Yuri Morita フェイスブック
  https://www.facebook.com/yuri.morita.315

森田ゆり ●プロフィール

元カリフォルニア大学主任研究員、元立命館大学客員教授。

1981年から California CAP Training Center、1985年から5年間は、カリフォルニア州社会福祉局子どもの虐待防止室のトレーナーとして勤務。1990年から8年間、カリフォルニア大学ダイバーシティ・トレーナーとして、多様性、人種差別、セクハラなど、人権問題の研修プログラムの開発と大学教職員への研修指導に当たる。当時まだ斬新だった参加型研修の方法論とスキルを開発し、*Diversity Training Guide* をカリフォルニア大学から出版（英語版は絶版。日本語版は『多様性トレーニング・ガイド』解放出版社）。

1979年から今日まで、先住アメリカ・インディアンの人権回復運動を支援し、日本とインディアンとの交流に携わってきた。『聖なる魂——現代アメリカ・インディアン指導者デニス・バンクスは語る』（朝日新聞社）で1988年度朝日ジャーナル・ノンフィクション大賞、『あなたが守る あなたの心・あなたのからだ』（童話館出版）で1998年度産経児童出版文化賞受賞。

1997年、日本でエンパワメント・センターを設立し、行政、企業、民間の依頼で、多様性、人権問題、虐待、DV、しつけと体罰、性暴力、ヨーガ、マインドフルネスなどをテーマに研修活動を続けている。アロハ・キッズ・ヨーガを主宰し、児童養護施設、児童心理治療施設、児童自立支援施設などで、とりわけ虐待のトラウマや脳神経多様性の子どもたち

体罰と戦争　人類のふたつの不名誉な伝統

2019年4月20日　第1刷発行
2020年4月　1日　第2刷発行

著　者　森田ゆり

発行者　竹村正治
発行所　株式会社　かもがわ出版
〒602-8119　京都市上京区堀川通出水西入
TEL 075-432-2868　FAX 075-432-2869
振替　01010-5-12436
ホームページ　http://www.kamogawa.co.jp
印刷所　シナノ書籍印刷株式会社

ISBN　978-4-7803-0986-7　C0037